KB068486

사회초년생, 직장인, 부모님들께 꼭! 들려주고 싶은

바보아저씨의 경제 이야기

1권

바보아저씨 지음

바보아저씨의 경제 이야기

바보아저씨의 경제 이야기 1권, 2권

《바보아저씨의 경제 이야기》 시리즈는 온라인 기고 시작 6개월 여 만에 구독자 7,000명, 누적 조회수 400만을 돌파하며 센세이션을 일으킨 일반인 경제 칼럼니스트 필명 바보아저씨가 전체 두 권, 총 550여 페이지 분량으로 집대성한 생활경제 서적이다.

일반회사와 시중은행에서 직장생활을 경험한 저자만이 가진 독특한 시선으로 쓴 생활경제 이야기는 대부분의 글이 포털 경제 칼럼 메인을 장식하며 크게 인기를 끌었다.

2018년 5월 출간된 《바보아저씨의 경제 이야기》 1권은 큰 상업적 홍보 없이 입소문만으로 출간 2개월 만에 경제 베스트셀러 10위권에 진입하였다.

사회초년생 및 직장인의 전·월세 구하기, 첫 주택마련, 결혼 시 증여, 자영업자, 은퇴 후 노후 부동산 등 누구나 생애 꼭 한번은 거치고 겪어야 하지만 정확한 정보를 몰라 겪는 애로사항들에 무릎을 탁! 치게 만드는 절묘한 해법을 내놓는다. 그리고 은행과 일반인의 관계 및 은행 영업의 비밀, 가족 친구 간 금전대차 관계, 경제관념, 9년 만에 5억을 모은 현실적인 노하우, 보이스 피싱 및 사기 예방 등 누구나 한 번쯤은 겪을 법한 경제 이야기들을 풀어낸다.

살면서 경제활동을 하는 동안 누구나 겪는 상황들을 저자의 경험을 통해 공감되게 풀어내어, 그저 읽어 그 내용을 알고, 그대로 실천만 하면 수십만~수백만 원을 바로 아낄 수 있는 보석 같은 생활경제 글들로 가득하다.

생활경제의 정석! 경제의 정석! 바보아저씨의 경제 이야기!

| 들어가는 말 |

필자는 일반 회사에서 직장생활을 했던 경험들과 나중에 은행으로 전직하여 은행원이 되어 생활했던 경험들을 개인 블로그에 소소하게 글로 적어오다가 우연히 브런치를 통해 3월 중순부터 기고를 시작하게 되었습니다. 기고 시작 한 달도 채 되지 않아 구독자분들의 수가 1,000명을 넘겼고, 기고 한 달째 되는 날 누적 조회수가 80만 회를 돌파하였으며, 글들을 묶어 책으로 내는 시점인 두 달이 지난 5월 중순 현재는 글 조회 수가 100만 회 이상을 기록하고 있습니다.

일반기업 회사생활을 오래 하다가 나중에 은행원이 되어 은행 일을 하며 느꼈을 때 꼭 알아두면 좋다고 생각되는 글들로, 사회초년생 및 직장인분들, 그리고 자영업자 및 노후 부동산을 준비하시는 여러 계층의 분들에게 꼭 필요한 경제 내용이라고 생각이 되는 글들을 작성하여 꾸준히 기고하였고 이렇게 책으로 묶어내게 되었습니다. 시골에서 도시로 유학해 아무 기반이 없던 상태로 시작했던 악착같았던 도시에서의 직장생활 이야기, 지방 출장 생활 이야기, 회사 사옥에서 8개월 동안 생활했던 사연, 해외파견 생활, 은행원 생활 이야기 등등 직접 경험한 제 이야기들을 회사생활과 은행원 생활, 양쪽을 모두 경험한 독특한 시선으로 솔직하게 직설적으로, 날것 그대로의 글로 생생하게 담아낸 것이 많은 분들이 제 글을 찾아주시고 읽어주신 이유가 아닐까 생각합니다.

책의 구성은 사회초년생 및 직장인분들에게 가장 중요하다고 생각되는, 취직해서 아주 싼 금리로 전셋집 구하는 방법으로 시작하여 돈 모아 아파트 살 때

대출 관련 팁, 은행에 신용대출을 받으러 갔을 때, 대출을 연장할 때 팁들, 가족 간에 돈거래 하실 때 주의하실 점을 다루었고, 직장 생활하면서 사소한 생활 절약들이 얼마나 중요한지 구성하였고, 결혼할 때 적은 금액의 집이라도 혹여 부모님으로부터 신혼집 증여를 받게 되면 호환·마마보다 무섭다는 증여세를 절감하는 방법 등으로 구성하였고, 40~50대분들을 위해 노후 부동산 투자 담보대출 이야기까지 글을 이어가면서 사회초년생부터 은퇴 시점의 직장인분들까지 생애 시간의 흐름에 따라 글을 읽으실 수 있도록 구성을 하였습니다.

또한, 퇴직 후 자영업을 하고 계시는 분들께 자금 사정이 어려운 자영업자분들을 위해 국가가 만들어 놓은 저리 대출인 신용보증서 대출받는 방법으로 글을 구성하였고 책의 후반부에는 그동안 많은 분이 관심을 가지고 읽어주시고 응원해 주셨던 척박했던 도시에서의 직장생활 이야기와 회사 사옥에서 먹고 자며 생활했던 사연, 해외파견 생활 이야기, 은행 이직 후 띠동갑 어린 여자 상사에게 일을 배웠던 좌충우돌 이직 경험기, 대기업에서 직접 경험했던 번아웃의 생생한 경험 및 그 예방법, 그리고 그 외 그동안 기고했던 소소한 경험 에세이 글들로 구성하여 책을 마무리하였습니다.

자연과학을 전공했던 필자는 학창시절 공부했던 과목 중 국어 및 언어영역 성적이 가장 좋지 못했으며 태어나서 전문적으로 글짓기라곤 배워본 적 없는 순수 공돌이입니다. 그러함에도 이러한 제 글들을 많이 공감하여 주시고 응원하여 주시고 좋아해 주시는 구독자분들과 독자 여러분들에게 진심으로 감사하다는 말씀을 드리고 싶습니다. 앞으로도 꾸준히 경제 꿀팁과 좋은 글들을 올리겠노라 약속드립니다. 댁내 항상 평온하시고 행복하십시오. 감사합니다.

2018년 5월, 브런치 작가, 필명 바보아저씨 올림

차례

PART 03 절약 이야기

PART 04 자영업자

PART 05 결혼 및 증여

PART 06 노후 부동산

PART 07 직장인·도시 생활 이야기

PART 08 해외파견 이야기

PART 09 직장 생활 이야기

PART 10 바보아저씨 일상소소

PART 1

사회초년생, 직장인

버팀목전세대출

: 무조건 받아놓고 봐야 하는 이유

백수, 고시생도 가능한 전세대출, 월세 사시는 분들은 꼭! 읽으셔야 합니다.

버팀목전세대출에 관해 다루어 보겠습니다. 사실 은행대출창구에서 일하는 분들이 가장 다루기 까다로워하는 업무 중 하나가 디딤돌대출, 버팀목전세대출, 기금대출입니다. 대출하러 오시는 손님들 대부분이 젊고 초년생이 많고 그래서 설명해야 할 부분이 많고 안내해야 할 부분이 많고 이에 따른 제반 행정업무가 많기 때문입니다.

은행원 입장에서 기금대출을 바라보지 않고 고객의 입장에서 왜 버팀목전세대출을 무조건 받아야 하는지 설명드려 보겠습니다.

집을 살 때 디딤돌대출도 마찬가지고 전세를 구할 때 버팀목대출도 마찬가지로 일단 금리가 매우 저렴합니다. 그 이유는 국가에서 복지개념으로 만들어 놓은 대출이기 때문입니다.

금리가 저렴한 이유는 대출금액의 90%는 국가에서(주택금융공사) 지급보증을 해주고 국가에서 이자를 싸게 만들어 놓았기 때문입니다. 대출받은 사람이 망해도 은행은 대출 내준 금액의 90%를 국가에서 지급보장 받습니다.

버팀목전세대출의 경우는 소득이 없어도 대출이 나옵니다. 주택금융공사에서 무소득자도 3천만 원까지 지급보증을 해주기 때문입니다. 무소득자의 경우 대출 가능 금액은 이론상 33,333,333원입니다.

심지어 이제는 버팀목전세대출 말고도 청년특례보증으로 만 19~34세 무소득 청년은 부채와 상관없이 7,000만 원 전세대출을 해주는 시대가 되었습니다. (청년맞춤형 전세대출)

그래서 "난 백수인데" "난 소득이 없는데" "난 학생인데" "난 신림동 고시생인데" 이러면서 어영부영 막연히 대출이 안 되는 줄 알고 대출을 못 받는 사람들이 많습니다. 그런데 디딤돌대출과 다르게 버팀목전세대출은 소득이 없어도 대출이 나간다는 거 꼭 명심하셔야 합니다.

그럼 상세한 설명을 위해 버팀목전세대출 가능금액을 표로 정리해 드리고 설명을 시작하겠습니다.

연소득(부부합산)	전세 보증금		
	5천만 원 이하	5천만 원 초과~1억 원 이하	1억 원 초과
~2천만 원 이하	2.10%	2.20%	2.30%
2천만 원 초과~4천만 원 이하	2.30%	2.40%	2.50%
4천만 원 초과~6천만 원 이하	2.50%	2.60%	2.70%

구분	일반가구	다자녀 및 신혼가구
수도권(서울, 경기, 인천)	최대 1억 2천만 원	최대 2억 2천만 원
그 외 지역	최대 8천만 원	최대 1억 8천만 원

▲ 버팀목전세대출 소득 구간별 금리와 대출 한도

연봉	전세금	필요한 내돈	버팀목전세대출	금리	월 이자
0	₩ 47,000,000	₩ 14,000,000	₩ 33,000,000	2.10%	₩ 57,750
18,000,000	₩ 85,000,000	₩ 25,000,000	₩ 60,000,000	2.20%	₩ 110,000
20,000,000	₩ 94,000,000	₩ 28,000,000	₩ 66,000,000	2.20%	₩ 121,000
22,000,000	₩ 120,000,000	₩ 36,000,000	₩ 84,000,000	2.50%	₩ 175,000
24,000,000	₩ 132,000,000	₩ 39,000,000	₩ 93,000,000	2.50%	₩ 193,750
26,000,000	₩ 144,000,000	₩ 43,000,000	₩ 101,000,000	2.50%	₩ 210,417
28,000,000	₩ 154,000,000	₩ 46,000,000	₩ 108,000,000	2.50%	₩ 225,000
30,000,000	₩ 165,000,000	₩ 49,000,000	₩ 116,000,000	2.50%	₩ 241,667
시뮬레이션(수도권 직장인, 연봉이 4,500만 원, 4,000만 원인 경우)					
45,000,000	₩ 200,000,000	₩ 80,000,000	₩ 120,000,000	2.70%	₩ 270,000
40,000,000	₩ 200,000,000	₩ 120,000,000	₩ 80,000,000	2.60%	₩ 173,333

▲ 버팀목전세대출 연봉 수준별 대출 한도

만약 내가 만 25세 이상이며, 단독세대주 자격을 만들어서 전세대출을 받아 이사한다고 가정하는 경우, 소득이 없어도 4,700만 원짜리 전세를 들어가면서 내 돈 1,400만 원만 들고 3,300만 원 대출을 받아 전세를 들어갈 수 있습니다. 월 이자는 57,750원에 불과하죠.

이거 엄청나게 싼 이자입니다. 버팀목전세대출은 상환조건이 일시상환입니다. 무슨 뜻이냐면 전세살이 2년 동안 대출원금을 갚을 필요가 없다는 뜻입니다. 그냥 주구장창 2년 동안 월 이자 57,750원만 내고 살면 된다는 뜻이죠. 그리고 대출연장 시기가 되면 계속 연장해서 최대 10년까지 저렇게 이자만 내면서 살 수 있다는 뜻입니다.

그럼 원금은 언제 갚을까요? 네? 원금을 왜 갚을까요? 전세금은 은행에서 그냥 내준 거라고 생각하시면 됩니다. 원금은 10년 동안 갚지 않아도 되는 이사 나올 때 집주인한테 받아서 은행에 줘버리면 그만인 돈이라고 생각하시면 됩니다. 뭐 여유가 되시면 중도상환수수료가 없으니 원금을 꾸준히 상환하셔도 상관은 없습니다.

만약 연봉 2,200만 원을 받고 계신 독신이시라면 본인 돈 3,600만 원을 들고 버팀목전세대출 8,400만 원을 받아서 1.2억짜리 아파트나 오피스텔 거주가 가능합니다. 들어가는 월 이자는 175,000원에 불과합니다. 전세대출 모르고 그냥 반전세 구하면 5000/40 정도는 지불해야 하겠죠. 그런데 버팀목전세대출을 받으면 월 주거비용이 1/3 수준으로 줄어듭니다. 그래서 자격이 되면 무조건 받고 보는 게 임자인 대출이 버팀목전세대출입니다.

▲ 비싼 월세 대신 버팀목전세대출을 끼고 전세를 얻으면 주거환경이 달라진다

만약 수도권에 거주 중이고 결혼을 앞둔 신혼부부인데 남편은 연봉 6,000

만 원, 신부는 연봉 4,500만 원이라면 부부합산소득 1억이 넘어 소득 구간이 초과되어 대출을 받을 수 없다고 생각하는 분들이 계실 겁니다. 그런데 그러한 분들도 방법은 있습니다. 일단 아내분을 결혼 전, 혼인신고 전에 단독 세대주로 만든 다음 2.70% 금리로 1.2억 최대로 버팀목전세대출을 일단 받은 다음, 나중에 결혼하고 혼인신고를 해서 같이 사시면 됩니다. 편법이지만 이건 불법도 아니고 실제로 맞벌이 고액 연봉자 중에도 저렇게 결혼 전에 한 사람 앞으로 버팀목전세대출을 받아서 나중에 혼인신고하고 사는 경우도 참 많습니다. 대출 내는 시점에만 소득 기준, 세대주 기준만 충족하면 버팀목전세대출은 무조건 나갈 수 있는 거거든요. 이런 방식으로 수도권 2억 전세를 구하면서 1.2억 대출을 받으면 월 이자는 27만 원만 내고 살면 됩니다.

위 표를 보시면 아시겠지만. 버팀목전세대출은 연봉 2,200만 원 이상만 되어도 지방 최대 대출 한도인 8,000만 원까지 대출이 나옵니다. 수도권 최대 한도인 1.2억 원을 받으시려면 연봉 3,000만 원이 조금 넘으셔야 하겠죠. 그런데 지방 연봉 2,200만 원, 수도권 연봉 3,000만 원은 사실상 웬만한 중견기업 이상 다니시는 분들이라면 누구나 해당하는 연봉 조건입니다. 또한 버팀목전세대출은 회사 들어가서 월급 한 달 치만 받아도 대출이 가능합니다. 따라서 운이 좋게 지금 이 글을 보신 분들이라면 누구나 자격에 해당되면 버팀목전세대출은 무조건 받으시라고 말씀드립니다. 주변에 회사 동료나 친구, 친척 중에 자격이 되는데 모르고 고액 월세살이를 하고 계신 분들에게도 알리셔서 무조건 버팀목전세대출을 받으시라고 권해드립니다.

연봉 수준이 높아 거의 한도 끝에 걸리고 대출도 최대인 1.2억을 받아도 월

부담 이자는 27만 원에 불과합니다. 수도권 거주자에 월세 살고 계신다면 요새 500/35 원룸 매물 없죠. 1000/45 이상 회사 가까운 역세권은 1000/60 이런 매물이 흔합니다. 그것도 10평 오피스텔 원룸 수준 주거로 말이죠.

지금이라도 늦지 않으셨으니 전세대출 최대로 받아 더 낮은 이자로 주거 환경 개선하시길 바랍니다. 버팀목전세대출은 빨리 알고 자격 맞춰서 빨리 빼먹어야 되는 국가가 만든 복지성 대출이라는 거 잊지 마세요.

만약 집주인이 전세대출 받아서 입주하는 걸 싫어한다면?

일반전세대출과 다르게 버팀목전세대출은 집주인에게 미리 사전에 고지할 필요가 없습니다. 추후 통지만 해줘도 되는 부분인데요. 혹여 나중에 계약 시 집주인과 오해와 분쟁을 피하려면 처음부터 공인중개사에게 매물을 구할 때 "전세금의 얼마까지 버팀목전세대출을 받아서 입주할 것이니 전세대출이 가능한 전세매물을 구해 달라"고 하시면 됩니다. 하지만 여태껏 은행 창구에서 대출을 보면서 버팀목전세대출 낸다고 계약을 취소하겠다는 집주인은 본 적이 없습니다. 계약 취소하면 집주인이 계약금 2배를 물어내야 하거든요.

아파트, 오피스텔, 다가구원룸 할 것 없이 85제곱미터(전용 26평) 이하면 버팀목전세대출이 가능합니다. 신림동, 노량진 원룸 전세도 건축물대장만 있으면 버팀목전세대출 가능합니다. 꼭 명심하세요!

버팀목전세대출 연봉별 대출 가능 금액

: 연봉별 대출 가능 금액 및 월 이자 계산표

연봉별, 전세금액별 대출 가능 금액과 월 이자 계산표입니다. 단, 다른 신용대출 없고, 개인 신용등급에 이상 없을 시 가능한 금액입니다.

※ 수도권(서울, 경기, 인천) 기준입니다. 최대 1.2억 대출 가능, 지방은 8천만 원입니다.

연봉	전세금	내 돈(30%)	버팀목전세대출(70%)	월 이자	금리
무소득자	₩30,000,000	₩9,000,000	₩21,000,000	₩36,750	2.10%
	₩35,000,000	₩10,500,000	₩24,500,000	₩42,875	2.10%
	₩40,000,000	₩12,000,000	₩28,000,000	₩49,000	2.10%
	₩45,000,000	₩13,500,000	₩31,500,000	₩55,125	2.10%
	₩47,000,000	₩14,100,000	₩32,900,000	₩57,575	2.10%

▲ 무소득자

표 보는 방법 : 전세 4,700만 원 들어가면서 내 돈 1,410만 원 있으면 3,290만 원 버팀목전세대출 받아서 월 이자 57,575원만 내고 살 수 있다는 뜻입니다.

연봉	전세금	내 돈(30%)	버팀목전세대출(70%)	월 이자	금리
₩18,000,000	₩50,000,000	₩15,000,000	₩35,000,000	₩61,250	2.10%
	₩55,000,000	₩16,500,000	₩38,500,000	₩70,583	2.20%
	₩60,000,000	₩18,000,000	₩42,000,000	₩77,000	2.20%
	₩65,000,000	₩19,500,000	₩45,500,000	₩83,417	2.20%
	₩70,000,000	₩21,000,000	₩49,000,000	₩89,833	2.20%
	₩75,000,000	₩22,500,000	₩52,500,000	₩96,250	2.20%
	₩80,000,000	₩24,000,000	₩56,000,000	₩102,667	2.20%
	₩85,000,000	₩25,500,000	₩59,500,000	₩109,083	2.20%
연봉	전세금	내 돈(30%)	버팀목전세대출(70%)	월 이자	금리
₩20,000,000	₩90,000,000	₩27,000,000	₩63,000,000	₩115,500	2.20%
	₩95,000,000	₩28,500,000	₩66,500,000	₩121,917	2.20%
연봉	전세금	내 돈(30%)	버팀목전세대출(70%)	월 이자	금리
₩25,000,000	₩100,000,000	₩30,000,000	₩70,000,000	₩140,000	2.40%
	₩110,000,000	₩33,000,000	₩77,000,000	₩160,417	2.50%
	₩120,000,000	₩36,000,000	₩84,000,000	₩175,000	2.50%
	₩130,000,000	₩39,000,000	₩91,000,000	₩189,583	2.50%
	₩138,000,000	₩41,400,000	₩96,600,000	₩201,250	2.50%
연봉	전세금	내 돈(30%)	버팀목전세대출(70%)	월 이자	금리
₩30,000,000	₩140,000,000	₩42,000,000	₩98,000,000	₩204,167	2.50%
	₩150,000,000	₩45,000,000	₩105,000,000	₩218,750	2.50%
	₩160,000,000	₩48,000,000	₩112,000,000	₩233,333	2.50%
	₩166,000,000	₩49,800,000	₩116,200,000	₩242,083	2.50%
연봉	전세금	내 돈(30%)	버팀목전세대출(70%)	월 이자	금리
₩31,000,000	₩171,000,000	₩51,300,000	₩119,700,000	₩249,375	2.50%
연봉	전세금	내 돈(30%)	버팀목전세대출(70%)	월 이자	금리

₩35,000,000	₩200,000,000	₩80,000,000	₩120,000,000	₩250,000	2.50%
	₩250,000,000	₩130,000,000	₩120,000,000	₩250,000	2.50%
	₩300,000,000	₩180,000,000	₩120,000,000	₩250,000	2.50%

▲ 연봉 ₩1,800~3,500

전세 2억 들어가면서 내 돈 8,000만 원 있으면 버팀목전세대출 1.2억 받아서 월 이자 25만 원 내고 살면 된다는 뜻입니다.

연봉	전세금	내 돈(30%)	버팀목전세대출(70%)	월 이자	금리
₩40,000,000	₩200,000,000	₩80,000,000	₩120,000,000	₩250,000	2.50%
	₩250,000,000	₩130,000,000	₩120,000,000	₩250,000	2.50%
	₩300,000,000	₩180,000,000	₩120,000,000	₩250,000	2.50%
연봉	전세금	내 돈(30%)	버팀목전세대출(70%)	월 이자	금리
₩45,000,000	₩200,000,000	₩80,000,000	₩120,000,000	₩270,000	2.70%
	₩250,000,000	₩130,000,000	₩120,000,000	₩270,000	2.70%
	₩300,000,000	₩180,000,000	₩120,000,000	₩270,000	2.70%
연봉	전세금	내 돈(30%)	버팀목전세대출(70%)	월 이자	금리
₩50,000,000	₩200,000,000	₩80,000,000	₩120,000,000	₩270,000	2.70%
	₩250,000,000	₩130,000,000	₩120,000,000	₩270,000	2.70%
	₩300,000,000	₩180,000,000	₩120,000,000	₩270,000	2.70%
연봉	전세금	내 돈(30%)	버팀목전세대출(70%)	월 이자	금리
₩55,000,000	₩200,000,000	₩80,000,000	₩120,000,000	₩270,000	2.70%
	₩250,000,000	₩130,000,000	₩120,000,000	₩270,000	2.70%
	₩300,000,000	₩180,000,000	₩120,000,000	₩270,000	2.70%
연봉	전세금	내 돈(30%)	버팀목전세대출(70%)	월 이자	금리
₩60,000,000	₩200,000,000	₩80,000,000	₩120,000,000	₩270,000	2.70%
	₩250,000,000	₩130,000,000	₩120,000,000	₩270,000	2.70%
	₩300,000,000	₩180,000,000	₩120,000,000	₩270,000	2.70%

▲ 연봉 ₩4,000 ~ 6,000

취직하면 제일 먼저 해야 할 일

: 내 돈 한 푼 없이 1억 원룸 전세 구하는 방법

지방에서 고등학교를 졸업하고 서울로 대학교를 와서 졸업하면서 취직한 경우, 지방대 졸업하고 울산-부산-대전-오산-수원-서울-경기권 등으로 취직을 한 경우, 제일 급한 것이 우선 방을 구하는 겁니다.

저도 취직을 막 해서 서울에 있는 대학교 친구 집에 얹혀살다가 방을 구한 경험이 있는데요. 서울 기준으로 치자면 당장 급하니까 서울 강북구나 경기도 성남에 주로 방을 구하게 되고 강남이나 분당지역은 워낙 비싸니 엄두도 못 내고 용인 근처까지 원거리로 빠져서 방을 구하게 됩니다.

그렇게 출퇴근이 멀어져도 1000/45, 1000/50 이 정도는 줘야 웬만한 원룸을 구할 수가 있었습니다. 도심지로 들어오면 1000/65~70 이렇게 월세 시세가 막 올라갑니다. 여기에 관리비랑 가스비, 인터넷비 등 추가되면 주거비로만 한 달에 90만 원 가까이 깨집니다. 이거 월급 타면 남는 것도 없고 주거비용 정말 심각합니다.

그런데 은행에서 대출 일을 하다 보면 수도권 젊은 직장인들이 원룸이나 오피스텔 구할 때 "월세 지출에 대한 경제적인 고민을 덜해도 되는 부분이 있었는데 이걸 몰랐었구나" 하고 무릎을 탁 치게 되는 게 있었는데 그게 바로 국가기금대출인 버팀목전세대출을 이용하는 것입니다.

연봉	전세금	필요한 내 돈	버팀목전세대출	금리	월 이자
0	₩47,000,000	₩14,000,000	₩33,000,000	2.10%	₩57,750
18,000,000	₩85,000,000	₩25,000,000	₩60,000,000	2.20%	₩110,000
20,000,000	₩94,000,000	₩28,000,000	₩66,000,000	2.20%	₩121,000
22,000,000	₩120,000,000	₩36,000,000	₩84,000,000	2.50%	₩175,000
24,000,000	₩132,000,000	₩39,000,000	₩93,000,000	2.50%	₩193,750
26,000,000	₩144,000,000	₩43,000,000	₩101,000,000	2.50%	₩210,417
28,000,000	₩154,000,000	₩46,000,000	₩108,000,000	2.50%	₩225,000
30,000,000	₩165,000,000	₩49,000,000	₩116,000,000	2.50%	₩241,667
시뮬레이션(수도권 직장인, 연봉 4,500만 원, 4,000만 원인 경우)					
45,000,000	₩200,000,000	₩80,000,000	₩120,000,000	2.70%	₩270,000
40,000,000	₩200,000,000	₩120,000,000	₩80,000,000	2.70%	₩180,000

예를 들어보겠습니다. 연봉이 3,000만 원인 직장인입니다. 그럼 버팀목전세대출 가능 금액은 전세금의 70%까지 최대 1.16억 가능합니다. 즉, 내가 갓 취직해서 월급을 한 달 이상 받았고 연봉이 3,000만 원이라고 치면 1.65억짜리 전세방을 구하면서 은행에서 1.16억 전세대출을 받을 수 있습니다. 내 돈은 4,900만 원이 있어야 합니다.

당장 내 돈 4,900만 원이 없죠? 그럼 눈을 좀 낮춰보죠. 1억짜리 전세방 구하면서 은행에서 7천만 원 대출을 받고 내 돈은 3,000만 원이 있으면 됩니다. 즉, 1억 오피스텔이나 원룸 전세 구하면서 내 돈 3,000만 원만 있으면 된다는 뜻입니다.

그럼 7,000만 원은 버팀목전세대출을 받고 3,000만 원은 직장인 신용대출로 마이너스 통장을 뚫거나 해서 충당 하는 방법이 있습니다. 그럼 버팀목전세대출 7,000만 원 내서 한 달 이자 15만 원 정도만 내고, 마이너스 통장 3,000만 원 한 달 이자 12만 원 정도 해서 총 월 이자 비용이 30만 원 조금 안 되는 28만 원 정도 들이면서 주거를 할 수 있게 되는 것입니다.

만약 이름있는 상장기업에 취직해서 연봉 3,000~3,500만 원 받는다고 하면 급여 3개월~6개월만 쌓여도 은행에서 우량임직원으로 -5,000만 원까지도 마이너스 통장 팍팍 뚫어줍니다.

버팀목전세대출은 한 달 이상 급여만 들어오면 7,000만 원 대출이 가능하구요.

그럼 버팀목전세대출 7,000만 원+신용대출 3,000만 원 받아서 1억짜리 전세나 1억/10만 원, 1억/20만 원 이렇게 반전세로도 집 계약을 할 수 있게 되는 것입니다. 그리고 월급을 받는 족족 마이너스 통장부터 계속 줄여나가는 거죠. 열심히 저축해서 모아 2년이면 마이너스 통장 3,000만 원은 줄일 수 있습니다.

그럼 그 이후부터는 7,000만 원 버팀목전세대출에 대한 이자만 매월 15만 원 정도 지출되는 것이죠. 사회초년생 때 신용대출받고, 전세대출받고, 빚 부담이 너무 많아지는 것 아니냐고 반문하시는 분들도 있을 것 같습니다. 그러나 월세보다는 이자비용을 획기적으로 절감하는 방법임이 분명합니다.

실제로 많은 맞벌이 합산 연봉 1억이 넘는 예비부부 중 젊고 연봉 낮은 배우자분들이 결혼 전에 이 버팀목전세대출을 많이 받아놓습니다. 결혼 예정인 경우 연봉이 낮은 배우자 앞으로 버팀목전세대출을 최대한도까지 받아서 아파트 전세를 계약한 다음, 혼인신고를 하는 방법으로 버팀목전세대출을 받아 신혼집을 구하는 경우가 참 많습니다.

이렇게 싼 이자 비용으로 주거가 가능한 이유는 버팀목전세대출이 은행이 아닌 국가에서 낮은 금리로 서민을 위해 만들어 놓은 복지성 대출이기 때문입니다. 그리고 10년 동안 원금을 갚을 필요 없이 이자만 내면서 유지가 가능한 대출이죠. 1억을 대출해도 1년 이자가 고작 250만 원 수준입니다. 한 달로 치면 21만 원 수준이죠. 500/30짜리 원룸 주거비용보다 9만 원이 싸게 먹히는 겁니다. 그리고 전세대출받은 그 돈은 은행에서 집주인 통장으로 넣어주고 전세계약 만료나 이사할 때 다시 집주인 통장에서 은행으로 돌려주는 개념이라 원금상환을 신경 쓸 필요가 없습니다. 그냥 이자만 제대로 내고 살면 아무 문제가 없어요.

그래서 막 취직하셨다면 일단 무조건 1개월 치 급여가 들어온 이후 원룸이나 오피스텔 매물을 구한 다음, 은행 가서 버팀목전세대출을 꼭 받아서 이 버팀목전세대출금을 끼고 전세나 반전세 계약을 하세요. 잘 모르겠고 귀찮고 빚지는 거 싫고 해서 그냥 월세계약하련다. 이렇게 생각을 하시는 분들도 있을 텐데요. 저도 사회초년생 때 회사 일 바쁘고 그냥 잘 몰라서 비싸게 월세를 주고 살았었는데 나중에 은행에 와서 보니까 제 사회초년생 시절 왜 버팀목전세대출을 받아서 집을 구하지 않았을까 후회가 들더군요.

차라리 당장 월세 내고 남은 신용대출 레버리지로 주식 투자를 하거나 소액부동산 투자를 하거나 해서 월세 차액보다 더 크게 수익을 내보겠다, 이렇게 젊은 치기로, 진취적으로 생각하신다면 월세 살면서 신용대출 받아서 주식투자 하셔도 됩니다. 젊으니까 공격적으로 투자를 해도 되거든요.

그런데 이런 경우가 아니고 그냥 몰라서, 귀찮아서 비싼 월세 계약을 하셨거나 그렇게 집을 구하려고 생각 중이신 분들은 꼭 버팀목전세대출받아서 집 계약하세요. 한 달에 월세차액만 20~30만 원 아끼는 꼴이 됩니다. 1

년~2년 지나 마이너스 통장 거의 다 상환하기 시작하면 이건 월세 50만 원과 버팀목전세대출이자 15만 원의 엄청난 차이인 거예요. 이자 차이가 한 달에 무려 35만 원 생깁니다. 연봉으로 치면 10% 더 받는 효과고 35만 원이면 매달 치킨이 20마리. 피자가 20판입니다. 월 35만 원이면 3개월만 모으면 100만 원 동남아 여행가고 6개월 모으면 200만 원이죠. 이 월세차액만으로 여름휴가마다 5성급 호텔 예약해서 홍콩-싱가폴-중국-일본-괌-동남아 해외여행 다닐 수 있는 어마어마한 돈이 되는 거죠.

취직하신 거 정말 축하드리구요. 집 구할 때 꼭 국가가 만든 복지인 버팀목전세대출 빼먹으려고 노력하시기 바랍니다. 버팀목전세대출 많이 해줘 봤자 은행원들은 좋은 것이 없습니다. 일만 많아지구요. 그런데 아는 사람은 잘 빼먹고 모르는 사람은 자격이 되는데도 이용을 못 해 월세 피빨리고 사시는 이런 정보격차 해소 차원에서 버팀목전세 관련 글을 쓰게 되었습니다. 많은 사회초년생분이 제 글 읽으시고 월세 노예에서 탈출하셨으면 좋겠습니다.

주택청약저축

: 무조건 들어놓고 봐야 하는 이유

3년 동안 72만 원 적금 넣고, 30년 동안 756만 원 아끼는 핵!꿀!팁!

월 2만 원씩 3년 적금 들고, 월 2만 원씩 30년 동안 평생 꿀 아끼는 방법

버팀목 전세대출 편에 이어서 쓰는 글입니다. 새벽에 곰곰이 생각해보니 아파트 관련 버팀목, 디딤돌대출 다루고, 다가구, 원룸, 오피스텔, 상가 다 다루었는데. 저희 같은 직장인 서민들한테 가장 뼈가 되고 살이 되는 "주택

청약저축 왜 무조건 들어놓고 봐야 되는가?"에 대한 글을 빠뜨리고 있었습니다. 그럼 왜 주택청약저축을 무조건 들어놓고 봐야 하는지 그 이유를 설명드리겠습니다.

은행 창구에 오랜만에 나가면 "청약저축 없으면 하나 해가시라" 이렇게 권유를 많이 받으실 겁니다. "없으시면 가족이나 배우자분 것도 해가시라. 좋은 거다" 소득공제도 받고, 청약공고일 전까지 돈 몇백만 원 넣어놓으면 아파트 청약 들어가서 로얄층 당첨돼어 P받고 팔 수도 있다. 이렇게 말하죠.

은행원들이 저렇게 말하는 것들 다 사실입니다. 직장인분들은 소득공제 때문에 청약을 들으시는 경우가 많습니다. 월 20만 원씩 1년 부으면 240만 원의 40%인 96만 원 소득공제가 가능하기 때문입니다. 또 지역에 따라 조금씩 다르지만 300~400만 원 정도 일시로 넣고 아파트 1순위 청약도 할 수 있는 통장이기도 합니다. 여기까지는 뭐 거의 경제 사정에 해박한 직장인분들이시라면 상식이라고 할 수 있죠.

그런데 제 생각은 이렇습니다. 고작 1년에 96만 원 소득공제 받으려고 월 20만 원을 저축하기엔 젊은 직장인들에게 다달이 묶이는 돈이 매우 큽니다. 그 돈으로 주식을 하거나 더 공격적인 투자를 해서 소득공제 쥐꼬리만큼 받는 걸 만회할 수 있다는 생각도 많이 하게 되지요. 그래서 저도 소득공제 되는 걸 알면서 청약저축에 큰돈을 넣지 않았습니다.

아파트 청약의 경우는 청약통장 개설만 해서 갖고 있다가 원하는 브랜드의 아파트가 나오면 청약공고일 전에 지역 기준에 맞춰 목돈 한 번에 집어넣고 청약 들어가기만 하면 됩니다. 다달이 돈을 부을 필요가 없다는 것이죠.

청약저축 금리라 봤자 1년 1.0%, 1년 넘으면 1.5%, 2년 넘으면 1.8% 쥐꼬리 만큼 줍니다. 금리 이자에서도 큰 메리트는 없습니다.

그런데 이 청약저축에는 젊은 직장인들이 알아야 할 한 가지 큰 이득, 핵이득 장점이 숨어있습니다. 그것은 차곡차곡 돈 모아 결혼할 신혼집 구할 때, 싱글이라도 처음 내 집 마련할 때 받는 아파트 디딤돌대출 우대금리에 주택청약저축 보유 여부가 우대금리로 연동된다는 것입니다. 사실 은행 창구에서 주택청약저축 권유할 때, 은행원이 "나중에 집 마련하실 때 우대금리 받으실 수 있다" 이렇게 말하면 사실 당장은 잘 이해가 안 됩니다. "뭐냐 대출받아 이자 내라고 청약저축 가입하라고 하나?" 이렇게 거부감이 들 수도 있는 부분이지요.

제가 말씀드리는 건, 향후 3년~5년 사이에 아파트를 본인 명의로 디딤돌대출을 받아 구매하려고 하시는 젊은 직장인 분들은 무조건, 무조건! 주택청약저축 개설해서 매달 2만 원씩만 적금드시기 바랍니다.

그러면

3년 동안 매달 2만 원씩 총 72만 원 적금 들고

30년 동안 매달 2.1만 원씩 총 756만 원 아낄 수 있게 됩니다. 그 이유… 백문이 불여일견. 일단 디딤돌대출금리 표 보여드릴게요.

아파트 살 때 디딤돌대출 2억, 30년 받으시면 매월 81.6만 원을 대출이자로 내셔야 합니다. 그런데 주택청약저축 3년 동안 2만 원씩만 들어놓으셨다면 금리 0.2% 우대를 받습니다. 그럼 매월 79.5만 원을 내시게 되는 거죠. 이 이자 차이가 21,000원입니다.

금리	2.75%	2.55%	청약우대 0.2%
디딤돌대출금액	30년 원리금		월 금리 차이
₩100,000,000	₩408,241	₩397,725	₩10,516
₩110,000,000	₩449,065	₩437,498	₩11,567
₩120,000,000	₩489,889	₩477,271	₩12,618
₩130,000,000	₩530,713	₩517,044	₩13,669
₩140,000,000	₩571,537	₩556,817	₩14,720
₩150,000,000	₩612,361	₩596,590	₩15,771
₩160,000,000	₩653,185	₩636,363	₩16,822
₩170,000,000	₩694,009	₩676,136	₩17,873
₩180,000,000	₩734,833	₩715,909	₩18,924
₩190,000,000	₩775,657	₩755,682	₩19,975
₩200,000,000	₩816,481	₩795,455	₩21,026
청약우대금리 30년 차액			₩7,569,360

▲ 디딤돌대출 2억, 30년 원리금균등상환 시, 청약저축 있으면 이자 21,000원 절약

청약저축 2만 원씩 3년 넣고 안 넣고의 차이로 30년 동안 매달 우대금리 이자가 21,000원 차이 나게 되는 것입니다. 30년 이자 차액의 총액은 무려 7,569,360원에 달합니다. 이 남는 21,000원을 30년 동안 적금한다고 생각하면 그 적금 이자까지 생각하면 진짜 경차 한 대 값 나오는 거죠. 대단한 차이 아닌가요?

주택청약저축 1년 동안 2만 원씩 넣으면 디딤돌대출 우대금리 0.1% 주고 주택청약저축 3년 동안 2만 원씩 넣으면 디딤돌대출 우대금리 0.2% 줍니다.

이미 알고 계셨으면 다행이고 모르셨다면 이것은… 완전 핵… 핵… 핵… 꿀팁이니 꼭 은행 달려가셔서 주택청약저축 개설하시고 매달 2만 원씩만 적금 드시기 바랍니다. 부부예정이면 본인이나 배우자 중 한 분만 들어놓으시면 됩니다.

디딤돌대출금액 구간별, 기간별 계산표 첨부해 드립니다. 참고하세용~

금리	2.45%	2.25%	청약우대 0.2%
디딤돌대출금액	10년 원리금		월 금리 차이
₩100,000,000	₩940,427	₩931,374	₩9,053
₩110,000,000	₩1,034,470	₩1,024,511	₩9,959
₩120,000,000	₩1,128,512	₩1,117,648	₩10,864
₩130,000,000	₩1,222,555	₩1,210,785	₩11,770
₩140,000,000	₩1,316,598	₩1,303,922	₩12,676
₩150,000,000	₩1,410,641	₩1,397,059	₩13,582
₩160,000,000	₩1,504,684	₩1,490,196	₩14,488
₩170,000,000	₩1,598,727	₩1,583,333	₩15,394
₩180,000,000	₩1,692,770	₩1,676,470	₩16,300
₩190,000,000	₩1,786,813	₩1,769,607	₩17,206
₩200,000,000	₩1,880,856	₩1,862,744	₩18,112
청약 우대금리 10년 차액			₩2,173,440

▲ 디딤돌대출 2억, 10년 원리금균등상환 시, 청약저축 있으면 이자 18,000원 절약

금리	2.55%	2.35%	청약우대 0.2%
디딤돌대출금액	15년 원리금		월 금리 차이
₩100,000,000	₩669,145	₩659,751	₩9,394
₩110,000,000	₩736,060	₩725,726	₩10,334
₩120,000,000	₩802,975	₩791,701	₩11,274
₩130,000,000	₩869,890	₩857,676	₩12,214
₩140,000,000	₩936,805	₩923,651	₩13,154
₩150,000,000	₩1,003,720	₩989,626	₩14,094
₩160,000,000	₩1,070,635	₩1,055,601	₩15,034
₩170,000,000	₩1,137,550	₩1,121,576	₩15,974
₩180,000,000	₩1,204,465	₩1,187,551	₩16,914
₩190,000,000	₩1,271,380	₩1,253,526	₩17,854
₩200,000,000	₩1,338,295	₩1,319,501	₩18,794
청약 우대금리 15년 차액			₩3,382,920

▲ 디딤돌대출 2억, 15년 원리금균등상환 시, 청약저축 있으면 이자 18,800원 절약

금리	2.65%	2.45%	청약우대 0.2%
디딤돌대출금액	20년 원리금		월 금리 차이
₩100,000,000	₩537,241	₩527,470	₩9,771
₩110,000,000	₩590,965	₩580,217	₩10,748
₩120,000,000	₩644,689	₩632,964	₩11,725
₩130,000,000	₩698,413	₩685,711	₩12,702
₩140,000,000	₩752,137	₩738,458	₩13,679
₩150,000,000	₩805,861	₩791,205	₩14,656
₩160,000,000	₩859,585	₩843,952	₩15,633
₩170,000,000	₩913,309	₩896,699	₩16,610
₩180,000,000	₩967,033	₩949,446	₩17,587
₩190,000,000	₩1,020,757	₩1,002,193	₩18,564
₩200,000,000	₩1,074,481	₩1,054,940	₩19,541
청약 우대금리 20년 차액			₩4,689,840

▲ 디딤돌대출 2억, 20년 원리금균등상환 시, 청약저축 있으면 이자 19,500원 절약

금리	2.75%	2.55%	청약우대 0.2%
디딤돌대출금액	30년 원리금		월 금리 차이
₩100,000,000	₩408,241	₩397,725	₩10,516
₩110,000,000	₩449,065	₩437,498	₩11,567
₩120,000,000	₩489,889	₩477,271	₩12,618
₩130,000,000	₩530,713	₩517,044	₩13,669
₩140,000,000	₩571,537	₩556,817	₩14,720
₩150,000,000	₩612,361	₩596,590	₩15,771
₩160,000,000	₩653,185	₩636,363	₩16,822
₩170,000,000	₩694,009	₩676,136	₩17,873
₩180,000,000	₩734,833	₩715,909	₩18,924
₩190,000,000	₩775,657	₩755,682	₩19,975
₩200,000,000	₩816,481	₩795,455	₩21,026
청약 우대금리 30년 차액			₩7,569,360

▲ 디딤돌대출 2억, 30년 원리금균등상환 시, 청약저축 있으면 이자 21,000원 절약

1) 부부합산소득 6천만 원(생애최초 7천만 원) 이하이다.

2) 향후 디딤돌대출받아서 아파트 마련 계획이다.

둘 다 해당하면 은행 닥공! 무조건 주택청약저축 가입하세요.

3년 후 소득 구간 넘어갈 것 같으면 적용 안 됩니다. 감안하셔유~

디딤돌대출

: 고민하지 말고 최대한 빨리 받아야 하는 이유. 소득이 높아지면 나중에 받고 싶어도 못 받는 복지대출

아파트 가격이 날로 치솟아 서민들은 걱정입니다. 오늘은 지방 도시 2억 정도 되는 브랜드 아파트를 기준으로 설명을 드리겠습니다.

결혼이 예정되어 있거나. 신혼부부 예정이신 분들이 가장 걱정하는 게 신혼집 마련인데요. 요새는 지방도 괜찮은 아파트들은 가격이 2억이 넘어갑니다. 비싸죠. 은행 창구에서 대출업무를 계속 보다 보면 계속 드는 생각이 디딤돌대출과 버팀목전세대출은 무조건 자격이 된다 싶으면 고민하지 말고 받아야 하는 대출이라는 것입니다.

매매 호가 2억인 아파트를 담보로 디딤돌대출을 받는다면 최대 70%인 1.4억까지 대출이 가능합니다. 젊고 연봉도 얼마 안 되는 신혼부부는 이렇게 많은 대출 자체가 겁이 나는 게 사실입니다. 그런데 그동안 보시면 알겠지만. 아파트 가격은 오르기만 하지 떨어지는 경우는 거의 없습니다. 노후된 아파트면 모를까 분양가 매매가 2억 원을 호가하는 브랜드, 대단지 아파트가 가격이 떨어질 리 만무합니다.

그래서 일단 디딤돌대출 자격이 되고 상환능력이 된다고 생각되시면 더 소득이 올라가기 전에 무조건 그 디딤돌대출을 받으셔야 합니다. 디딤돌대출의 경우 부부합산소득 구간에 따라 금리가 차등으로 부여됩니다.

연소득(부부합산)	대출 기간별 금리(%)			
	10년	15년	20년	30년
~2천만 원 이하	1.95%	2.05%	2.15%	2.20%
2천만 원 초과~4천만 원 이하	2.20%	2.30%	2.40%	2.45%
2천만 원 초과~4천만 원 이하 (단, 생애최초는 7천만 원 까지)	2.45%	2.55%	2.65%	2.70%

▲ 디딤돌 대출 소득 구간별 금리 수준

결혼 이후에 맞벌이 부부합산 연봉이 7천만 원을 초과하면 아예 디딤돌대출을 받고 싶어도 받지 못하는 경우가 발생합니다. 따라서 조금 편법적이지만, 결혼 예정인 신혼부부라면 일단 남편분이나 아내분 명의로 소득이 낮은 분 앞으로 '30세 이상 단독세대주 자격'으로 디딤돌대출을 받으신 다음 결혼하고 같이 아파트에 살면 됩니다.

예를 들어 남편 연봉이 5,000만 원, 아내 연봉이 3,000만 원이면 합산소득 7천만 원 초과로 디딤돌대출이 불가능하지만, 만약 혼인신고 전 아내분께서 30세 이상 단독세대주 자격이 되신다면 소득구간 2천만 원~4천만 원 자격으로 30년 상환 시 2.45%의 좋은 조건으로 대출이 가능합니다. 30년 원리금 상환대출을 해놓고 그 뒤에는 결혼은 하든 말든 은행에선 상관이 없습니다. 대출 내는 그 시점에 단독세대주로서 연봉 3,000만 원 자격으로 나간 대출이기 때문입니다.

만약 맞벌이 부부합산소득이 7천만 원 이하 구간이시라면 합산소득으로 30년 3.70% 금리로 디딤돌대출을 받으시면 됩니다. 이럴 경우, 신혼부부 자격으로 금리 0.2% 할인을 받습니다. 또한 청약저축 3년 이상 꼬박꼬박 들은 게 있으면 추가 0.2% 할인을 받습니다. 따라서 30년 2.30% 금리로 대출이 가능하게 됩니다.

디딤돌대출 1.4억 30년 2.55% 할부상환의 경우 매월 56만 원 정도 원리금을 상환해야 합니다. 외벌이 가정의 경우 상당히 부담스러운 금액입니다. 맞벌이 부부의 경우는 어느 정도 감내할 수준입니다. 그런데 잘 생각해 보면 변변찮은 10평짜리 오피스텔에 신혼집을 차리면 월세 40만 원 깨지고 관리비 10만 원 넘게 깨집니다. 매월 50만 원 이상 지출되죠. 그런 거 생각하면 30평대 아파트 주인이 되면서 매월 56만 원 원리금 상환하는 건 큰 부담이 아

대출경과기간	월 상환금	원금	이자	잔금
1개월	₩ 556,816	₩ 259,316	₩ 297,500	₩ 139,740,684
2개월	₩ 556,816	₩ 259,867	₩ 296,949	₩ 139,480,818
3개월	₩ 556,816	₩ 260,419	₩ 296,397	₩ 139,220,399
4개월	₩ 556,816	₩ 260,972	₩ 295,843	₩ 138,959,427
5개월	₩ 556,816	₩ 261,527	₩ 295,289	₩ 138,697,900
6개월	₩ 556,816	₩ 262,083	₩ 294,733	₩ 138,435,817
		⋮		

▲ 디딤돌대출 1.4억, 30년, 2.55% 월 상환금 56만 원

니라는 걸 알 수 있습니다.

또한 디딤돌대출의 경우 3년만 지나면 중도상환 수수료가 없으므로 중간중간 목돈을 만들어 대출원금을 계속해서 상환처리할 수 있습니다. 디딤돌대출은 다른 아파트 담보대출과 마찬가지로 3년만 지나면 중도상환 수수료가 없습니다. 부부가 맞벌이하면서 보너스 나오는 달 1,000만 원 원금상환하고 여윳돈 모아 계속해서 원금상환을 하면 원금이 줄어든 만큼 비례해서 다달이 이자 부담이 계속해서 줄어듭니다.

그리고 디딤돌대출은 당장 2억 아파트 1.4억 대출이 부담스럽겠지만. 나중에 결혼하고 부부 맞벌이 소득이 7천만 원을 초과하는 순간, 그때는 아예 받고 싶어도 받지 못하는 대출입니다. 잘 모르고 해서 월세나 전세 살다가 보면 나중에 월급이 올라 부부합산 연봉이 초과되어 디딤돌대출 자격 자체를 잃고 정작 아파트 구매가 필요할 때 일반 은행 아파트 담보대출을 내면서 4%~5%대 이자 높은 대출을 받아 아파트를 구매하게 되는 경우

를 은행 대출 창구에서 많이 봐왔습니다.

남편이 공무원인 외벌이 신혼부부인 경우 소득 구간 2천만 원~4천만 원 구간이면 금리 2.15% 금리로 디딤돌대출이 가능합니다. 이럴 경우 1.4억이면 30년 동안 원리금 53만 원 정도 부담하게 됩니다.

당장 부담이 되더라도 젊을 때는 그렇게 시작하는 것입니다. 30년 동안 원리금 53만 원은 고정입니다. 해마다 인플레이션에 따라 호봉과 연봉은 올라갑니다. 집값도 해마다 오를 가능성이 높습니다. 그런데 원리금은 53만 원 유지되면서 이자비용의 가치는 시간이 지남에 따라 감소합니다.

디딤돌대출 고민하지 말고 본인이 월 상환능력이 된다고 판단되시면 꼭 받아서 내 집 마련하시기 바랍니다.

부부합산소득이 초과할 것 같으면 결혼 전 한 사람 명의로 먼저 디딤돌대출을 받은 다음 그 이후에 혼인신고하시면 됩니다. 편법이지만 불법은 아닙니다. 실제로 많은 분이 그렇게 디딤돌대출을 받고 있습니다.

1) 부부연봉 7,000만 원: 디딤돌대출

2) 부부연봉 8,500만 원: 보금자리론

위 연봉을 넘기 전에, 그리고 혼인신고 7년 이내에, 위의 2가지 국가복지 주택저리자금대출을 이용하시어 꼭! 내 집 마련하시길 바랍니다.

PART 2

은행, 신용대출, 금전 관계

은행원이 좋아하는 고객, 싫어하는 고객

이번 글에서는 은행에서 가장 좋아하는 고객과 싫어하는 고객을 분류해 보도록 하겠습니다. 한 번쯤 읽어보시고 은행 갈 일 있으실 때 참고하세요.

은행은 우리가 은행원이 아닌 입장에서 보았을 때 돈을 맡기고 이자를 불리거나 대출을 받아서 이자를 갚거나 하는 기관입니다. 돈을 보관하는 곳이죠.

은행의 입장에서 보면 그러한 고객의 모든 행위가 수익으로 연결됩니다. 일반 입출식 통장에 돈을 넣어놔도 은행 입장에선 주말이건 평일이건 이자 수익을 올릴 수 있죠. 정기예금, 적금을 들면 은행은 그 돈을 받아서 필요한 사람에게 대출을 해주고 이자를 받으면서 예금-대출 이자 마진으로 1% 이상 남겨서 수익을 냅니다.

신용카드를 사용할 경우 은행은 카드사로부터 카드수수료를 받습니다. 심지어 여러분들이 사용하는 금액의 일정 퍼센티지를 영업점에 수수료로 떨궈주지요. 은행마다 금액은 다르겠지만 신용카드의 경우 발급 1건당 직접 수수료를 직원들에게 포상금으로 주거나 보너스 및 상여금으로 연동을 시켜놓고 있습니다.

보험이 필요해 은행 창구에서 실손보험에 가입했다면 그분은 은행 예금 창구에서 최고로 쳐주는 고객입니다. 실손보험의 수수료율이 높거든요. 5만 원짜리 보험 하나 가입하면 은행이 보험사로부터 받는 수수료 수입은 그 몇 개월치가 될 수도 있으니깐 말이죠.

펀드나 신탁과 같은 경우도 마찬가지입니다. 은행 창구에 적금이나 예금이 만기돼서 찾아가 보면 이자도 낮으니 펀드나 신탁을 추천합니다. 수익이 높다면서 말이죠. 고객 입장에선 예금이자보다 높은 수익이 발생해 좋고, 은행 입장에선 5,000만 원짜리 신탁 하나 가입시키면 수수료를 0.5%~1% 정도를 수익으로 낼 수 있으니 엄청 좋은 수입원입니다.

그리고 주택청약통장 만들러 오는 고객입니다. 청약통장은 이자도 나쁘지 않은 적금이고 아파트 청약하거나, 디딤돌대출금리 할인받을 때 필요해서 많이들 만들어 가십니다. 그런데 청약통장 1개 개설하면 해당 은행으로 수수료를 줍니다. 몇천 원 정도죠. 그리고 계좌 유지하면 매월 또 수수료를 받습니다. 은행도 돈 벌어서 좋고 고객도 소득공제받을 때 필요하고 나중에 디딤돌대출받을 때 우대금리에 필요하니 꼭 들어야 하는 것이 주택청약저축인 것이죠.

그럼 대출로 넘어가 볼까요. 대출은 크게 개인신용대출이 있고, 부동산담보대출이 있습니다. 이 중에서도 은행원이 보았을 때 가장 신중하게 대출을 해주는 대출이 개인신용대출입니다.

개인신용대출은 소득과 직장 및 신용정보를 바탕으로 그냥 담보 없이 믿고 빌려주는 대출이기 때문입니다. 100번 대출 잘 해줘도 1명의 사람이 대출을 못 갚고 망가지면 나머지 99번 대출 잘 해서 번 수익을 한방에 다 까먹게 되니까요. 은행 입장에선 신용대출 잘못 취급하면 말짱 도루묵인 거죠.

그래서 은행에서 대출을 오래 본 직원들은 대부분 신용대출 내준 것이 망가져 본 경험이 있어서 개인신용대출은 신중하게 심사를 하거나. 신용등급이 좀 낮다 싶으면 일단 경계해 조심스럽게 다루는 경우가 많습니다.

뭐 교사나 공무원이거나 대기업, 전문직 종사자이면서 대출 하나 없고 신용등급이 높다면 대출을 있는 한도껏 팍팍 해주겠지만. 제아무리 전문직 종사자라고 해도. 신용등급이 낮고 2금융권 대출이나, 카드 현금서비스 같은 게 많다면 직업이 의사건 판사건 검사건 예외 없어요. 신용대출 망가지면 그 돈 은행원 본인이 물어내야 하는 경우도 발생하기 때문에 그렇습니다.

개인신용대출과 달리 부동산담보대출은 그 반대 양상으로 흘러갑니다. 일단 부동산담보대출은 집을 살 때나 오피스텔을 살 때, 원룸 건물이나 상가 건물을 살 때 기본적으로 내 돈이 어느 정도 들고 나머지 필요한 금액을 담보로 설정하고 빌리는 형태이기 때문에 은행원이 보았을 때 담보대출은 신용대출보다는 굉장히 안정적인 대출이 되는 것입니다. 담보대출은 신용대출보다 서류도 많고 취급하기는 어려우나 한번 대출이 나가면 영업점에서 5년 10년 꾸준히 매년 대출금의 1% 이상을 안정적으로 가져가니 정말 괜찮은 장사인 거죠.

그런데 이 부동산 관련 대출 중에서도 은행원들이 다루기 까다로워하는 대출 종류가 있는데 바로 디딤돌대출과 버팀목전세자금대출입니다.

국가에서 저리로 자격에 맞는 신혼부부나 저소득자 무주택자들한테 나가는 대출인데 행정절차나 받아야 할 서류가 많고 까다롭거든요. 특히 임대아파트, 다가구원룸 등 금액이 적은 전세계약을 하고 버팀목전세자금대출을 하러 오시는 고객분들을 은행원들은 상당히 까다로워합니다. 그 이유는 대출규모가 소액이면서 따져봐야 할 서류, 받아야 할 서류가 굉장히 많고 상대적으로 사회적 약자분들이 많으셔서 설명을 해드려야 하는 부분이 많기 때문입니다 또 그 관련 규정이 국가에 의해 수시로 바뀌기 때문에 이 부분도 계속 팔로우 업 해야 합니다. 쉽게 말해서 시간도 오래 걸리고 서류가 많아 행정적으로 처리해야 할 일은 많은데 그에 반해 돈은 잘 안 되는 거죠.

예금 창구의 경우 은행원들은 하루 평균 40~50명의 고객을 상대합니다. 바쁜 지점이라면 70~80명, 100명이 넘는 곳도 있고 좀 한가한 지점이면 20~30명 고객을 상대하기도 하죠. 평균 50명 잡고 주말 휴가 공휴일 빼고 1년 200일 기준으로 계산하면 1년에 1만 명 이상의 고객을 상대합니다. 일하다 보면 이런저런 고객을 만나는데. 은행원들이 가장 싫어하는 고객은 예금 창구에서는 돈 찾을 때 전표를 고객 본인이 써야 하잖아요. 그런데 "그거 꼭 내가 써야 되나요. 좀 써주시지"라고 말하는 고객을 싫어합니다. 왜냐면 친절하게 써줬는데 꼭 몇 년 후 기억나지도 않을 때 와서 내가 돈 안 찾았다고 물어내라고 하는 고객이 있거든요. 그럼 빼도 박도 못하고 그때 대신 글 써주고 돈 찾아준 취급한 은행 직원이 물어내야 합니다. 살벌하죠.

또 자주 가서 얼굴 아는 직원도 많은데 신분증을 안 가져와 놓고 나 신분증 없다고 업무처리를 해주지 않는다고 화내는 고객을 싫어하죠. 단순 소액 입출금 같은 경우는 자필 전표 받고 처리해 줄 수는 있겠지만 카드 재발급이나 분실 재발급, 비밀번호 변경 같은 제신고 업무의 경우 신분증 스캔 이력이 없으면 나중에 정말 사고가 났을 경우 그 책임은 취급한 직원이 지게 되기 때문입니다.

그리고 은행원들이 싫어하는 기타 부류의 손님들은 은행원 어리고 하니 만만하게 보고 하대하는 사람, 거래도 안 하면서 달력이니 사은품이니 가계부 달라는 사람, 창구 밀려있고 손님 업무처리를 하고 있는데 막 들이대서 잔돈 바꿔 달라는 사람이 있습니다. 천 원 10장 금방 바꿔주면 될 것 같은데 꼭 그런 날 마감해 보면 돈이 잘 틀리더라구요.

정리해 드리자면

은행원이 좋아하는 고객

1) 제 발로 신용카드 만들러 오는 고객

2) 제 발로 청약통장 만들러 오는 고객

3) 예금하러 왔다가 펀드, 신탁, 10년짜리 저축성 보험 들고 가는 고객

4) 제 발로 와서 실손보험 가입하는 고객

5) 스마트뱅킹 / 인터넷뱅킹 가입하는 고객

6) 상가건물, 다가구 건물 등 고액부동산 담보대출하러 오는 고객

7) 아파트 담보대출하러 오는 고객

8) 신용등급 높은 교사, 공무원 신용대출하러 오는 고객

9) 공무원, 군인 퇴직금 담보나 연금담보대출하러 오는 고객

10) 지역재단 100% 보증서 받아서 대출하러 오는 자영업자 고객

은행원이 싫어하는 고객

1) 은행원이 젊고 어리다고 만만하게 보고 하대하는 고객

2) 거래도 많이 안 하면서 달력, 가계부, 사은품 달라는 고객

3) 펀드, 신탁 추천해도 고집스럽게 정기예금하고 가는 고객

4) 적금, 예금, 주거래 은행이면서 신용카드 없어 추천했더니 안 해가는 고객

5) 신용등급 낮고 2금융권 대출 많은 상태로 신용대출 내달라고 떼쓰는 고객

6) 현금서비스 많이 쓰면서 대출하러 오는 고객

이상입니다.

개인신용대출

: 은행에 대출받으러 가기 전 꼭 읽어야 할 글

은행은 신용대출 해줄까 말까 어떻게 결정할까?

역지사지로 은행의 입장이 되어보면 압니다. 은행에서는 예금 업무를 '수신 업무'라고 말하고 대출 업무를 '여신 업무'라고 말합니다.

수신=고객한테 돈을 받아서 이자를 주고 관리하는 역할

여신=고객한테 돈을 내주고 이자를 받으며 관리하는 역할

즉, 고객이 은행을 봤을 때와 반대의 개념이 되는 것입니다. 뭐 당연히 반대겠지만요. 이 반대의 개념으로 신용대출에 접근해 보겠습니다.

신용대출은 부동산처럼 담보에 근저당을 잡고 빌려주는 것이 아니고 순전히 그 사람을 믿고 그 신용으로 대출을 해주는 겁니다. 그래서 은행에 신용대출하러 가면 직장이 무엇인지, 몇 년을 근무했는지, 정규직인지, 연봉 수준은 어떻게 되는지, 당연히 물어보는 것입니다.

은행에 대출하러 갔는데 꼬치꼬치 본인의 신상을 물어보면 기분 나빠하지 말고 대답을 다 해주는 것이 좋습니다. 재직증명서, 근로소득원천징수 영수증

을 제출하니 소득정보는 서류상으로 확인하고 물어보지는 않겠지요.

여기에 어김없이 추가로 "혹시 다른 은행에 대출이 있느냐?"라고 물어봅니다. 이때 다른 은행대출이 있어도 없다고 하는 경우가 있고, 있는데 일부러 없다고 거짓말하는 경우도 있고, 그게 대출인지 아닌지 몰라서 모른다거나 없다고 말할 수도 있습니다. 그런데 다른 은행에 대출이 있다고 대답해도, 없다고 대답해도 결론은 하나입니다.(예전 어른들 말로 결론은 버킹검입니다.)

왜 그러냐면 이미 다른 은행에 대출이 있는지 없는지 그걸 물어보는 그 순간에 은행원들은 고객의 타행대출 정보를 조회해보면서 그 질문을 던지기 때문입니다. 은행원의 컴퓨터상에는 이미 고객이 신용카드를 몇 개의 회사로부터 보유했는지, 최근 현금서비스를 얼마나 사용했는지, 카드론대출은 있고 어디에 얼마가 있는지, 타행에 대출이 얼마나 있는지 또는 차를 사면서 ○○캐피탈에 할부금액이 얼마나 남아 있는지 등, 기타 다른 전 금융권 대출정보가 일목요연하게 볼 수 있도록 화면상에 불러온 이후 그 화면을 보면서 고객에게 타행대출 여부를 물어보고 있는 것입니다. 즉, 거짓말해도 소용없다는 뜻입니다.

이렇게 본인의 금융 개인신상이 적나라하게 노출되는 곳이 은행대출창구입니다.

자, 그럼 대출심사가 개략적으로 어떻게 진행되고 대출 한도는 얼마가 나올까 알아보겠습니다.

가장 중요한 것이 그 사람의 신용등급입니다. 신용등급은 최고 1등급부터 10등급까지 분류됩니다. 은행마다 조금씩은 다르겠지만, 6등급 이하로 내려가 계신 분들은 은행에서 신용대출 취급을 매우 기피합니다. 7등급 아래는 신용대출이 거의 불가능하다고 보시면 됩니다. 왜 그런가 하면 은행원들이 신용등급으로 그 사람을 감정적으로 판단하는 것이 아니라, 신용등급에 따른 통계적 부실률(망할 확률)이 엄연히 존재하기 때문입니다. 신용대출은 망하면 담보도 없습니다. 다 은행 손실인 거죠.

신용등급 1등급~3등급은 매우 좋은 신용등급으로 분류되는데, 통계적으로 보면 1~3등급자들은 부실률이 0%에 가깝습니다. 즉, 얼마든지 대출을 해줘도 은행 입장에선 떼어먹힐 일이 거의 없으니 한도껏 대출을 해줘도 괜찮다는 뜻입니다. 그런데 5등급 이하로 내려가기 시작하면 부실률이 눈에 띄게 늘어납니다. 부실률이 1%라는 뜻은 100번 신용대출 잘 해주고 1명이 망해서 못 갚으면 나머지 99번 대출 잘 해서 번 돈 다 날리게 된다는 뜻입니다. 부실률이 3% 이렇게 올라가면 "33번 대출 잘 하고 1개가 망가져 나머지 32번 대출 잘 해서 번 돈을 날리고 추가로 적자까지 난다"라는 뜻입니다. 즉, 대출 보는 은행원 입장에선 그동안 열심히 상담해 신용대출 잘 해줬는데 단 몇 명이 대출 못 갚고 개인회생이나 파산해 망가지면 그 동안 열심히 일해 번 돈 다 날리게 되는 말짱 도루묵 신세가 되는 것입니다. 신용등급이 하락하면 금리가 올라가는 이유가 이 때문이기도 합니다.

그다음 중요한 것이 직업과 정규직 여부, 연봉입니다. 그래서 재직증명서, 근로소득원천징수 영수증을 가져오라고 하는 것인데요. 이 정보를 바탕으로 은행은 연봉+직업 가중치에 한도를 설정하고 또 신용등급에 따른 가중치를 부여합니다. 은행마다 통계학적 모델로 만든 알고리즘을 바탕으로 추출한 가중치를 부여하는 것이죠.

예를 들어보겠습니다. 연봉 5,000만 원 대기업 정규직에 근무한다고 치면 신용대출 한도는 5,000만 원 연봉만큼 나올 수 있습니다. 여기에 신용등급 1등급이라면 가중치가 최대 2배까지도 나올 수 있습니다. 은행마다 다르지만 신용등급이 높으면 가중치가 부여됩니다. 1.5배~2.0배 정도 수준으로요. 만약 1.5배 가중치라고 치면 7,500만 원이 그 사람의 최대 신용대출 한도가 되는 것입니다.

여기서 만약 차 사느라고 ㅇㅇ캐피탈에 차 할부금이 1,500만 원이 남아 있다면 차감하고(타행 대출 차감) 한도가 6,000만 원이 되는 것입니다. ㅇㅇ뱅크에 마이너스 대출이 천만 원 더 있다면 또 차감해서 한도가 5,000만 원 나오는 것입니다.

그럼 은행에서는 남은 5,000만 원 한도를 전부 대출을 해주느냐? 그럴 수도 있고, 아닐 수도 있습니다. 대출을 얼마나 해주느냐부터는 은행원의 판단이 들어가는 것입니다. 만약 대기업 10년 다니고 앞으로 근무할 날도 많은 고객이라면 남은 신용한도인 5,000만 원 대출을 다 해줄 수도 있습니다. 그런데 근속연수가 비교적 짧아 보이는 2년이고 젊은 대기업 직장인이라면 5,000만 원에서 조금 여유분을 두고 3,500만 원~4,000만 원 정도 대출이 가능하다고 말할 수도 있습니다. 이건 순전히 은행 직원의 본인 판단에 달려있습니다. 마지막 신용대출 판단은 최적의 대출 한도를 잘 판단하라고 실력 있는 사람들을 은행 창구에 앉혀놓는 것입니다.

신용등급이 1등급이고 10년 이상 근무한 공무원이고 다른 은행에 대출이 하나도 없는 주거래 우수 고객이라면 있는 한도껏 대출을 해줄 수도 있습니다. 어차피 부실률이 0%이니까요.

그리고 은행 신용대출을 받으러 가면 앞서 말했듯 개인의 금융 신상이 다 드러나게 되는데 카드 현금서비스 썼던 기록은 쥐약입니다. 대출받으려면 현금서비스는 절대로 짧게라도 쓰지 말아야 합니다. 해외여행 가서 현금 급하다고 ATM말고 카드 현금서비스 출금하는 것도 하시면 안 됩니다.

또 여기저기 대출이 여러 개 분산되어 있으면 그 자체로도 디메리트를 받습니다.

연봉이 6,000만 원인데, ○○뱅크 500만 원, △△뱅크 500만 원, 신차 할부 500만 원이 남아 있는 상태로 대출을 받으러 가면 6000-500-500-500=4,500만 원 대출이 가능할 것 같지만 여러 금융권에 분산된 대출이 화면에 보이는 순간 은행원은 방어적으로 대출 한도를 줄이려고 들 것입니다. 또한 그럴 경우는 웬만하면 월급+카드 쓰는 주거래 은행에서 신용대출을 받은 다음, 다른 은행대출은 전부 상환해 버리고(타행대환) 주거래 은행 한 대출만 유지하겠다고 말하면 됩니다. 그럼 은행원이 잘 봐줄 것입니다.

생각보다 신용등급 관리 이거 매우 중요합니다. 젊을 땐 모릅니다. 하지만 결혼할 때 집대출, 신용대출, 노후에 부동산 임대사업 담보대출까지 큰 금리는 거의 개인 신용등급에 좌우됩니다.

노후에 임대사업을 하는데 금리 4.00% 받는 거랑 3.60% 받는 것은 하늘과 땅 차이입니다. 노후를 보장할 연 임대소득 생계비가 10%가 왔다 갔다 하니 이는 생존과 직결된 문제이기 때문입니다.

대출연장 전화로 해주는 경우와 안 해주는 경우

: 대출연장의 비밀, 왜 난 전화로 안 해주나?

직장인분들 은행에서 신용대출이나 특히 마이너스 통장 만들어서 많이들 쓰고 계십니다. 많은 직장인이 그러시고 있습니다. 은행원들도 마이너스 통장 없는 직원이 없어요. 거의 다 씁니다. 한번 쓰면 마이너스가 안 줄어요. 참 신기합니다.

마이너스 통장 쓰다 보면 만기라는 것이 존재합니다. "만기되면 꼭 다 갚아야 하는 거 아닐까?" 이런 생각에 사로잡히게 되는데요. 직장인, 공무원, 교사, 전문직, 대기업 직원분들이라면 그냥 은행에서 만기 전날이나 당일 날 전화 와서 그냥 무방문으로 연장을 해주겠다, 이런 전화들 많이 받으셨을 거예요.

그렇게 무방문으로 계속 연장해서 쓰시다가 은행에서 전화 오는 경우가 있어요. 갑자기 올해는 방문해서 연장하셔야 된다. 이렇게 말이죠. 그럼 대뜸 화가 납니다. 내가 뭐 잘못했나? 직장도 온전히 다니고 연봉도 올랐는데 그깟 마이너스 통장 고작 얼마 가지고 사람을 오라 가라 하나? 하여튼 은행에서 저렇게 전화 오면 화가 납니다.

제가 일반 회사도 오래 다녀보고 은행에서 대출업무도 많이 봐서 양쪽 입장을 너무나 잘 알거든요. 그래서 저걸로 민원 넣는 고객도 상당히 많죠. 그런데 지난 글들에서도 말씀드렸지만, 은행원 입장에서 보면 감정이 있어서 오라 가라, 요번에 전화로 된다 안 된다 하는 게 아니고 그냥 하루하루 자기 할 일을 컴퓨터로 보고 분류된 대출 대상자를 대상으로 기계적으로 만기 안내를 하는 것일 뿐입니다.

그럼 고객의 상태별로 은행원이 대출만기 연장 어떻게 하는지 설명을 드려보겠습니다.

1) 신용등급이 높고, 신용등급이 작년 대비 변하지 않았거나 올라갔고, 직장도 온전히 다니고 계시는 경우

신용등급 좋지요. 직장도 잘 다니고 있지요. 그래서 대출 떼일 일 없죠. 앞서 신용대출은 담보 없이 그 사람을 믿고 빌려주는 대출이라 은행원은 본능적으로 떼일 걱정을 하고 빌려준다고 하였는데요. 그래서 이런 경우는 떼일 걱정이 없으므로 그냥 전화로 대출연장을 해주는 겁니다. 뭐 이런 분들은 사실 은행에 방문하라고 하는 게 은행원 입장에서는 더 귀찮은 일이죠.

방문하면 연장서류 꺼내서 줘야 하고 고객한테 웃어줘야 하고, 서류받아서 컴퓨터에 입력해야 하고 결재 올려야 하고, 결재 올린 거 스캔을 하거나 보관소로 보내야 업무가 완결처리 되거든요.

신용등급 좋고 떼일 일 없는 고객을 왜 귀찮게 은행으로 오라고 하겠어요. 그냥 전화로 확인하고 간단하게 연장하면 되는 것이죠.

2) 공무원, 교사, 군인, 대기업 직원 같은 우량 회사를 다니는데
신용등급이 작년보다 하락했을 경우

대부분 이런 경우가 방문 대상입니다. 그리고 가장 화를 많이 내는 고객 직업군 중 하나죠. 직업 자체에 일단 프라이드 가 있고 갑의 성격이거든요. 그래서 바쁜데 귀찮게 은행에서 오라고 하면 화부터 내는 분들이 이런 직업 분들인 경우가 많습니다. 그런데 은행원 입장에서는 뭐다? 떼일 걱정이 커졌다.(신용등급 하락)

그래서 올해는 무조건 방문해 주셔야 된다. 오실 때 재직증명서, 근로소득 원천징수 영수증 가지고 오라, 이렇게 방문 안내를 하는 것입니다.

그런데 이런 경우도 신용등급이 하락했지만 같은 은행에 부동산 담보대출을 크게 해서 그 이유로 신용등급이 변동되었거나 그 은행에 예금, 적금, 펀드 같은 돈이 많이 예치되어 있으면 무방문으로 그냥 연장을 해주기도 합니다. 마이너스 대출 3천만 원 쓰는데. 부동산 담보대출이 3억이 있거나 예금이나 펀드에 1억이 있어요. 그리고 주거래 장기거래 고객이에요. 그럼 뭐 볼 것도 없죠. 그냥 연장해줘도 떼일 걱정이 없는 우수 고객이니까요.

3) 대출받은 지 5년, 10년 등 마엘스톤을 찍은 경우

신용대출 받았는데 10년이 지났는데 계속 무방문으로 연장하고 계신 분들이 있어요. 그냥 편하죠. 은행 안 가도 계속 유지 되니까. 회사 다니며 바쁘니까 그냥 잊고 사는 거죠. 그런데 이런 분들의 경우 보통의 경우 10년이 되면 은행에서 꼭 올해는 방문을 하라고 합니다. 새 대출을 다시 내서 마이너스 대출을 유지하라고 하죠.

이건 관리적인 성격이 큰데 대출상품과 금리구조 같은 면에서 새 대출로 바꿔줘야 은행에서 관리하기가 쉽거든요. 그리고 새 대출로 다시 했을 경우

금리가 낮아지는 경우도 더러 있습니다. 10년 전 대출 가산금리 구조와 현재 구조가 많이 다르기 때문입니다.

4) 마이너스 대출 가지고 있으면서 마이너스 안 쓰는 경우

마이너스 대출 2천만 원 가지고 계시면서 100~200만 원만 쓰고 있으시다면 이런 경우 은행에서 방문 연장하라고 전화가 오거나 요번에 안 쓰실 거면 한도를 좀 줄이라고 전화가 올 거예요. 왜냐면 대출 2천만 원을 은행에서 빌려주면 은행은 2천만 원에 대해 비용을 잡아먹거든요.

언제든 출금하면 대출 2천만 원을 쓰고 있는 거잖아요. 그런데 100~200만 쓰고 거기에 대한 이자만 내면 고객은 편하지만 은행은 그 대출은 적자상태에 빠지는 거죠. 그래서 한도를 줄이거나 방문연장하라고 합니다. 이런 경우 대출을 줄이라고 하면, "아 조만간 쓸 일 있다"며 둘러대면 한도는 안 줄여도 되시구요.

적자대출 보유고객이기 때문에 은행원 입장에선 방문연장으로 안내를 집요하게 할 거예요. 그러나 정말 안 쓰는 마이너스 통장 한도는 적정하게 필요한 한도만 남겨놓으시고 한도를 줄여놓으시는 것이 바람직합니다.

5) 부동산 임대업 담보대출 연장, 아파트 담보대출 연장

임대업하려고 1년 단위로 이자만 내면서 이자 쓰시는 분들 많습니다. 일시상환대출이라고 하죠. 그 대출 연장할 때 은행에서 매년 방문하라고 전화오죠. 이때도 내 담보 확실하고 등기부 열어보면 근저당 설정된 거 나오는데 왜 매년 연장하러 가야 되나 생각을 많이 하실 겁니다. 그런데 이런 경우가 있습니다.

예를 들어 5억 상가담보대출이라고 하면요. 큰 금액 담보대출인데 고객이 연락이 계속 안 돼서 만기 넘어가면 연체되니까 담보가 확실하고 대출도 커

서 은행에서 담보 확실하니 그냥 연장을 해줬는데 나중에 알고 보니 이 고객이 요번에 1억을 상환하고 4억을 1년 연장하려고 했다는 겁니다. 그런데 은행원은 5억을 그냥 1년 연장해 버렸죠.

그럼 그 이후에 1억 상환하면 되지 않냐고 생각하시겠죠? 그런데 이거 엄청 큰 문제가 생기죠. 바로 중도상환수수료 물리게 되는 겁니다.

애초에 연장 시점에 1억 상환하고 1년 연장하면 중도상환수수료가 없는데 5억을 통으로 연장하고 나중에 1억 상환하면 1억에 대한 중도상환수수료가 1% 넘어요. 100만 원 넘는다는 뜻입니다.

이거 엄청난 일이고 수정 처리하려면 감사에 바로 걸리죠. 참 은행원 입장에서 곤란해지는 상황이 되는 것입니다. 우량 고객 연체되실 거 생각해서 담보대출 연장해 줬는데. 졸지에 중도상환수수료 100만 원 수수료 부과한 꼴이 되는 거니까요.

지금까지 사례별로 5개 설명해 드렸는데요. 더 많은 사례가 있는데 이 정도면 추가적인 사례 없이도 어느 정도 감이 오셨을 거예요.

쉽게 정리해 드리면

1) 떼일 걱정이 많아지면 방문

2) 떼일 걱정이 없거나 줄어들면 무방문

3) 5년, 10년 은행마다 정해놓은 마엘스톤 넘어가면 방문(관리 편하게 하려고)

4) 월급 이체가 안 들어오면 방문(재직확인 해야 해서)

5) 마이너스 통장 있는데 거의 안 쓰는 경우 방문(은행 적자 나서)

퇴사 후 대출연장

: 연장 비법 알려드립니다

이런저런 이유로 회사를 예상치 못하게 그만두었을 경우 신용대출, 마이너스 대출을 어떻게 처리해야 되는지 고민하시는 분들이 많은데요. 이번엔 퇴사 후 신용대출을 어떻게 연장할 수 있는지 그 비법을 알려드리겠습니다.

직장인 중 많은 분이 마이너스 통장을 쓰고 있습니다. 예를 들어 연봉이 5,000만 원인데 마이너스 통장은 -3,000만 원 정도 쓰고 있다고 한다면 이게 참 마이너스가 잘 줄지를 않습니다. 그래서 계속 줄지 않는 마이너스 통장을 안고 살다가 회사에서 갑작스럽게 문제가 생기거나, 인간관계나, 적성이나, 다시 공부를 하고 싶거나, 번아웃이 되거나 등등 이런저런 사유로 갑자기 회사를 그만두게 되는 경우가 있습니다. 이럴 경우에 고민되는 게 직장 신용 담보로 받은 신용대출이죠. 이거 "회사를 그만두었으니 다 갚아야 된다" 이렇게 생각하시는 분들 많으실 겁니다.

네. 원래는 다 갚아야 합니다. 그래서 은행에 전화해서 물어보면 은행원은 단호하게 "퇴직하셨으면 대출 상환하셔야 합니다" 냉정하게 답변이 돌아오죠. 그러면 쫄아서 퇴직금 받은 거랑 그동안 저축해 놓은 돈, 펀드에 들어간 돈, 이런 거 다 빼서 일단 마이너스 대출을 시원하게 갚아버립니다.

그런데 말입니다. 사실 퇴직을 했다고 바로 마이너스 통장이나 신용대출을 일시에 다 상환할 필요는 없습니다. 은행원은 단호하게 말했을지 몰라도 대출을 전액 회수하는 게 원칙이나 뭐든지 사람 사는 곳에는 예외가 있게 마련이죠.

생각해 보세요. -3,000만 원 쓰고 있는데. 근속연수가 짧다면 퇴직금 1,000~2,000만 원 정도밖에 되지 않는 경우가 있습니다. 어떻게 갑자기 대출을 모두 갚냐구요.

그래서 퇴사 후에도 대출을 계속 유지하고 싶으신 분들은 이렇게 하십시오. 일단 퇴사 전 마이너스 통장 만기일을 확인합니다. 예를 들어 지금 5월이니까 만약 내가 5월 31일자로 퇴직이 예정되어 있다고 칩시다. 그리고 가지고 있는 마이너스 통장 만기일이 7월 15일이에요.

예를 들어 말하는 겁니다. 퇴직 직전 5월 마지막 주에 재직증명서+근로소득원천징수 영수증을 들고 은행에 방문하세요. 그리고 7월에 만기되는 마이너스 통장을 연장해 달라고 하시면 됩니다. 보통 은행의 경우 2개월 전부터 신용대출이나 마이너스 통장 연장이 되거든요. 법적으로 5월 31일 전에는 재직 중인 거잖아요. 재직 서류도 다 있구요. 은행 가서 연장서류 쓰고 연장해서 내년 7월 15일까지 연장해 달라고 하시면 됩니다. 그럼 퇴직 전에 마이너스 통장을 1년 연장해서 내년 7월까지 더 쓸 수 있어요. 참 쉽죠?

만약 5월 31일 퇴직예정인데 마이너스 통장이 9월, 10월 이쯤이다? 그러면 좀 난감하죠. 미리 방문해도 대출연장 접수가 안 되거든요. 이럴 경우에도 방법은 다 있습니다. 일단 이럴 경우는 5월 31일에 정상적으로 퇴직을 하시구요. 마이너스 만기가 9월 15일이라고 하면 그냥 9월 15일까지 은행에 따로 고지하지 말고 대출은 안고 그냥 쓰세요. 이자만 제때 내면 은행에서는 퇴직을 했는지 안 했는지 확인할 방법이 없고 또 연체가 되지 않는 한 절대로 그 사람의 마이너스 대출 현황에 대해 조회 자체도 안 해봅니다. 은행에서는 하루하루 다가오는 연장 건만 처리하고 있어서요. 은행에서는 당장 손해가 가는 문제가 아니고 이자도 제때 계속 받으니까요. 그렇게 9월 15일 근처까지 대출을 안고 쓰시다가요, 9월 초 만기 2주 전쯤에 은행에 전화를 하시거나 방문을 하세요.

여기부터 아주 잘 읽으세요. 비법입니다.

만기 2주 전쯤에 은행에 방문을 해서 9월 15일에 마이너스 통장 3,000만 원이 만기되는데 현재 퇴직을 해서 직장이 없다. 그런데 마이너스 잔액은 -3,000만 원 사용 중이고 이자는 제때 납부하고 있는데 9월 15일에 전액 상환할 여력이 없다. 그래서 요번에 연장을 할 수 있느냐? 라고 은행원한테 물어보세요. 은행원은 처음엔 퇴직했으니 갚으라고 말하다가, 보니까 그동안 연체 없이 이자 잘 냈는데 퇴직해서 상환할 여력이 없어서 그렇다고 하면 은행원은 일단 협상 비슷하게 나옵니다. 은행원은 그런 상황에서는 "-3,000만 원이시니까 10% 정도인 300만 원 줄여서 -2,700만 원으로 6개월 정도 연장해 드릴게요" 이렇게 나오거나 "이번에 일부 몇백만 원이라도 갚으시고 남은 금액은 할부상환으로 돌려드릴 테니 매달 갚으세요" 이렇게 나오게 됩니다. 신용대출 전액 상환이 어려운 사람은 10% 정도 상환시키고 연장을 해줄 수 있습니다. 알아보니 인터넷 은행 신용대출도 저런 방식으로 10% 상환 만기 연장이 가능하더군요. 또는 할부상환으로 돌려서 매달 나눠서 상환도 가능하죠.

10% 상환 연장이 되셨다면 다시 6개월 후 만기가 또 다가오잖아요. 그럼 그때 다시 2,700만 원에서 10%인 270만 원을 또 상환하고 2,430만 원으로 다시 6개월이나 1년 연장을 또 하시면 됩니다. 그럼 또 2,430만 원 마이너스 통장을 계속해서 쓸 수 있는 거예요. 그렇게 계속 10%씩 대출을 줄이면서 연장하시면 됩니다. 퇴직해서 백수라도 마이너스 통장 유지할 수 있고 결국은 다 상환을 하겠지만 6개월 단위로 10%씩 상환하니 몇 년 걸리겠죠.

은행에서는 "퇴직하셨으니 전액 상환하세요"라고 말하죠. 방어적입니다. 그러나 저렇게 10%씩 조금씩 상환하면서 계속 연장하는 방법이나 할부상환으로 돌리는 방법이 있다는 것을 꼭 알아두세요.

사람이 회사 다니면서 마이너스 통장 뚫어서 주식 투자도 하고 차도 사고 뭐 이러잖아요. 그런데 모든 직장인이 퇴직했다고 한 번에 다 갚을 수 있는 것도 아니구요. 퇴직했다고 은행에서 상환하라고 해서 퇴직금에 현금 융통해서 마이너스 통장으로 다 밀어놓고 전액 상환하는 건, 정말 여유가 있으면 그렇게 하시고. 여유가 없으면 10%씩 상환하며 대출을 줄이면서 계속 연장처리 하세요. 꿀팁 알려드렸습니다.

가족에게 돈 빌려줄 때

: 최악의 의절 상황이 찾아올지도. 돈 빌려주고 못 받을 때 친구는 몰라도 가족은 의절할 각오하고 빌려줘야…

은행에서 대출업무를 하다 보면 대출업무의 특성상 상담시간이 길어서 손님들과 이런저런 얘기를 많이 합니다. 많은 손님과 이야기를 하다 보면 특히 돈에 얽힌 이야기를 많이 듣게 되지요. 부부가 같이 와서 디딤돌대출을 받으려 하다가 서로 모르는 대출이 튀어나와 부부싸움을 하면서 창구를 떠나는 부부들도 보았구요. 가족끼리 돈 빌려줬다가 수년 지나 결국 못 돌려받고 의절하는 형제자매들, 부모 돈 해 먹는데도 계속해서 집 팔고 땅 팔아 계속 자식한테 퍼주는 노인분들, 자녀들 결혼한다고 예금 깨서 아파트 장만해주는 부모님들, 딸 시집가는데 밑천 없어서 퇴직금 담보로 대출해가시는 공무원분들 등등 참 많은 분이 다양한 이유로 대출을 받아갑니다.

오늘은 필자의 가족 경험과 은행 창구 경험을 토대로 평소에 친했던 가족이 돈 빌려달라고 할 때 돈을 꾸는 사람은 어떤 심리로 돈을 빌리고, 돈을 빌려주는 사람은 어떤 심리로 돈을 빌려주는지 글을 써보겠습니다.

60~70년대 출생하신 분들은 집안에 형제자매가 많습니다. 보통 3명 이상이고 5명 이상 되는 경우도 많지요. 80년대 출생하신 분들은 정부의 산아제한 정책 덕분에 집에 2명 정도가 보통이고 학교 다닐 때 학교에서 경제를 배우기 때문에 그 전 세대에 비해 경제관념이 어릴 때부터 잘 정립되어 있어서 서로 돈을 잘 빌리지 않습니다. 그런데 한 세대 위인 50~70년대 세대의 경우 형제자매끼리 돈을 빌리는 경우가 많았습니다. 친구들한테 연대보증 잘못 서서 빚쟁이되고 가정 파탄 나고 이런 경우는 집안마다 거의 다 있는 세대이죠.

한 집안에 큰집, 작은집 이렇게 서로 결혼해서 다 분가해서 살고 있다고 해봅시다. 어느 날 잘사는 큰집에서 작은집에 돈을 3천만 원 꿔달라고 합니다. 형님 형수가 3천만 원을 빌려달라는데 갑자기 왜 필요하냐고 하면 뭐 "사업하는 데 쓴다" "친척이 사업을 크게 하는데 잠깐 융통할 돈이 모자라서 빌린다" "어차피 동서 그 돈 예금에 넣어놓으면 이자도 얼마 안 되는데 은행 예금 이자 2배 쳐줄 테니 나한테 잠깐 빌려줘라" "1년만 쓰고 돌려줄게" 대부분 이렇게 거짓말을 해서 돈을 빌려달라고 합니다. 그리고 평소에 형님 형수 동서 이러면서 친했고, 형님 집안은 남편이 직장에 다니고 형수는 가게를 합니다. 둘 다 화려하게 돈도 잘 버는 것처럼 보입니다. 집안에서도 장자를 밀어주는 시대였으니 형님네 믿고 빌려주는 겁니다.

그런데 이 돈을 빌려주는 작은집 동생네는 형보다 못해서 좋은 학교도 못 나와서, 변변치 않게 작은 회사 다니면서 악착같이 벌어 적게 쓰고 적금해서 모은 그 돈이 3천만 원입니다. 악착같이 저축해 모은 거의 전 재산이나 다를 바 없는 동생네 돈을 은행 예금 2배 이자 준다고 하고 형님네라 떼일 일 없을 것 같아서 홀랑 은행 가서 해지하고 형님네로 빌려줍니다.

그리고 빌려준 다음 달 되면 정말 은행 이자 2배 형님네가 이자로 이체해 줍니다. 돈 빌려준 사람은 재미가 있죠. 은행 이자 2배 되니까. 투자해서 수익을 내고 있는 것 같고. 어차피 1년 후에 갚을 돈이니까. 이자도 많이 받고 좋다고 생각을 합니다.

그런데 대부분 저렇게 빌려 간 돈은 1년 후에 돌려받지 못하는 경우가 많습니다. 이자 잘 받다가 1년 후에 "형님 이제 그 원금 갚아 달라." 이렇게 말을 하면 대뜸 형님네는 짜증내거나 화부터 냅니다. "그 돈 그냥 두면 매달 이자 많이 받는데 뭐하러 돌려받아? 그냥 1년 더 쓰고 줄게" 이렇게 무마하고 또 1년을 지나가는 경우가 많습니다. 동생네도 저축을 꾸준히 하고 있고 그동안 이자도 많이 받았고 하니 의심 없이 또 1년 쓰게 그냥 두죠. 그럼 그때부터 뭐가 잘못되기 시작하는 겁니다. 2년 쓰죠? 그럼 원금 갚을 것 같나요. 처음 1년보다 원금 갚을 확률이 떨어지는 경우가 많습니다. 그러다가 3년 되고 4년 되고 나중에 정말 안 될 것 같아서 갚아달라고 하면 그때 사달이 나는 겁니다. 형님네는 "그동안 이자 많이 받아먹고 갑자기 달라 그러면 어떡하냐" 이렇게 나오죠. 그럼 빌려준 사람 동생네 입장에선 "매년 원금 상환해달라고 말했지 않냐" 이렇게 말합니다. 빌린 사람은 또 그럼 "그동안 이자 많이 받아 먹었으니 원금 3,000만 원에서 500만 원 빼고 2,500만 원만 받아라. 그까짓 돈 3천만 원…" 이렇게 말하면서 이상한 논리를 폅니다. 이런 말 오가면 돈 빌려준 동생네는 갑자기 형님네에 대한 신뢰가 무너져 버립니다. 악착같이 근검절약해 차곡차곡 모은 피 같은 돈을 형님네는 "그까짓 돈 몇천만 원" 이렇게 푼돈 취급을 해버립니다. 그리고 결국은 원금을 돌려받거나 원금에서 조금 까고 돈을 돌려받으면 다행이고 갚을 여력이 없어 반도 못 받는 경우가 허다합니다. 저렇게 일단 언쟁이 오고 간 이후에 원금을 돌려받든 절반밖에 못 돌려받든 간에 형님네 동생네는 그 뒤로 등을 지게 됩니다. 돈 꿔간 형님네는 그동안 고리로 이자 다 쳐줬는데 원금까지 갚고 화가 나고, 돈 빌려준 입장에서는 처음부터 이자 2배 준다고 해놓고 나중에 원금 받으면서 생색 다 부리고 그 돈 푼돈 취급하며 돌려주는 거에 빈정이 상하게 되죠.

제가 지금까지 이야기 한 위 사례, 독자 여러분들 본인 집안 이야기 같아서 소름 끼치는 분들 많으실 겁니다. 왜냐면 50~60년대 세대라면 집집마다 저렇게 서로 돈 꿔주고 원수지간 된 집안이 엄청 많거든요. 왜 저렇게 돈으로 틀어진 집안이 많냐면 이제부터는 그걸 설명드리려 합니다.

사람은 저마다 타고난 돈에 대한 관념이 다 다릅니다. 이건 후천적으로 집안의 경제습관, 부모의 경제 상황, 경제관념이나 본인의 경제관념, 회사를 다녀 월급쟁이를 했거나, 사업을 해서 큰돈을 움직여 봤거나 해서 달라지는 주변 환경이나 상황에 따라 확립되는 관념이라고 할까, 가치관의 일종이라고 할까 그런 겁니다. 누구는 짠돌이처럼 월 300만 원 벌어서 100만 원 쓰고 악착같이 200만 원을 저축하는데 누구는 월 500만 원 벌어서 450만 원 쓰고 50만 원 겨우 저축합니다. 또 누구는 월 400만 원 버는데 다 쓰고 모자라 매달 적자 나서 마이너스 통장 쓰다가 안 되니 퇴직금 중간정산해서 또 쓰고. 신용카드 할부로 돌려막기하면서 삽니다.

앞 사례에서 형님네가 아우네한테 돈 3,000만 원을 빌렸습니다. 그런데 실상 가계를 열어보면 형님네는 월 700만 원 벌어서 700만 원 다 쓰고 모자란 가계일 수 있고, 아우네는 월 300만 원 외벌이로 200만 원 쓰고 매달 100만 원씩 악착같이 저축한 상황에서 아우네가 월 100만 원씩 적금한 돈 3,000만 원을 형님네한테 빌려준 상황일 수 있다는 겁니다. 대부분 돈 빌려줬다가 서로 마음 상하고 등지는 이유가 저렇게 잘사는 집에서 못사는 집 돈을 빌렸다가, 서로 언제 갚냐 안 갚냐 이런 얘기 오고 가다가 돈에 대한 관념이 상충되어서 틀어지는 경우가 대부분입니다.

그리고 월 700 벌어 잘살면서도 700~800씩 쓰면서 돈이 모자라면서 못사는 집이 악착같이 저축한 돈을 홀랑 빌릴 때는 "우리가 잘살고 갚을 능력이 있으니 걱정 마라, 이자도 많이 주니까, 오히려 너네 도움 주는 거다" 이러면서 거짓말로 돈을 빌려갑니다. 한 집이 저렇게 상습적으로 돈을 꾸는 집안은 형제가 많으면 일평생 이 형제 저 형제 돌려가면서 돈을 다 꾸고 평생을 돌려막으며 사는 집안도 있습니다. 형제끼리는 서로 모르다가 나중에 돈 못 받고 사달이 나기 시작하면 여기저기서 "우리 집도 빌려줬다" "우리 집도 얼마 빌려줬다" 이런 얘기가 나옵니다. 심지어 친가는 물론이고 외가에도 돈을 꾸고 자식이 취직하면 회사 연봉을 담보로 신용대출 내달라고 해서 그거 빌려 쓰는 경우도 있습니다. "이자 많이 줄 테니 이자로 용돈받는 셈 치고 빌려달라" 이러는 거죠.

저렇게 온 집안 식구들과 내 자식까지 빚 굴레를 씌우고 정작 자신은 그게 무슨 문제인지 전혀 모르고 산다는 게 문제입니다. 왜냐면 돈이라는 건 가치관, 관념의 일종이기 때문에 저렇게 사는 게 무슨 문제인지 전혀 깨닫지 못하고 산다는 겁니다. 주변에서 아무리 말해주고 경제공부를 해라, 대출 빚 이런 게 얼마나 무서운지 알려줘도 남의 말 안 듣습니다. 본인 고집대로 그냥 사는 겁니다. 그리고 저렇게 집안 식구 돈을 빌려서 돌려막기를 하는 집은 돈을 빌리러 오는 타이밍이 아주 기가 막힙니다. 자식이 대기업에 취직을 하면 신나죠. 그럼 거기에 더 신나라고 은행 가서 대출받아 돈 빌려달라고 합니다. 어차피 경제관념 없는 자식은 키워준 부모만 믿고 은행 신용대출내서 빌려줍니다. 이자 많이 주니까, 용돈도 들어오고 좋다고 생각을 합니다.

동생네가 자식들 둘 다 군대 보내고 등록금도 안 들어가는 시기에 꼭 형수네가 그때 돈을 빌려 달라고 전화가 옵니다. 귀신같이 저 집안은 이 시기에 여윳돈이 많을 거다 알고 돈 빌려달라고 하는 겁니다.

심지어는 가족 중에 누가 사고로 돌아가신 경우 장례식 끝나고 받은 사망보험금까지 빌려달라고 하는 경우도 있습니다. "그 돈 예금해 뒀다 뭐해. 이자 많이 줄 테니 1년만 빌려달라" 이런 식인 거죠.

요약정리를 해드리고 마무리하겠습니다.

가족이 제법 큰 돈을 빌려달라고 하는 경우

1) 정확하게 그 집안의 형편과 평소 경제관념을 알고 빌려줄 것(겉과 속이 다른 경우가 많음)
2) 주변 형제자매에게 전화해서 혹시 저 집에 돈 빌려준 거 없었냐고 추궁해 볼 것(많은 경우 집집마다 돌려막기로 빌려 온 집안 다 물려있을 가능성이 높음)
3) 온전히 믿고 빌려주지 말고 최악의 경우 원금 다 날릴 수 있다는 각오하고 빌려줄 것(그럼 나중에 떼여도 심리적 지지 가능)
4) 겉으로 잘사는 것처럼 보이는 거만 믿고 빌려주지 말 것(내실은 빚쟁이, 대출받아 펑펑 쓰고 산 베짱이 집안일 수도 있음)

친구나 가족이 소액을 빌려달라고 하는 경우

1) 등질 수 없는 막역한 친구면 그냥 먹고 떨어져라 생각하며 주고 털어버릴 것(그 친구가 언젠가 도움이 될 수도 있음, 없으면 그만이고)

2) 감당할 수 있는 소액이라면 가족 간이니 그냥 줘버리고 땡칠 것(원금 받을 생각하지 말 것)

소액의 경우 빌려주고 몇 년 동안 아무 말 안 하면 알아서 연락해 돌려주는 경우가 많습니다.

돈 꾼 사람 심보가 평소에 그 돈 언제 갚냐 노래 부르면 돌려주기 싫고 빌려주고 갚을 때까지 아무 말 안 하면 빨리 갚아주고 싶은 이상한 심리가 있어요.

부모님이나 가족이 빌려달라고 해서 큰돈 신용대출 내서 빌려준 젊은 직장인분들 중 우연히 제 글을 읽으셨다면 꼭 채무자 현 상황하고 채무자 경제관념부터 잘 살펴보시길 바랍니다. 돈 꿔달라는 사람은 원래 본인 경제 사정이 어려운지 잘 느끼지도 못 하고 휘황찬란하게 감언이설로 이리저리 돈을 잘 꿔서 돌려막고 평생을 삽니다.

이와 관련해 학교 다닐 때 배운 유명한 영문 구절이 생각나네요.

A miser grows rich by seeming poor; an extravagant man grows poor by seeming rich. (구두쇠는 겉으로 가난해 보이지만 점점 부자가 되고, 겉으로 낭비스럽고 사치스러운 사람은 점점 가난해진다.)

다시 말씀드리지만 월 700만 원 버는 집안에서 월 700~800만 원 쓰면서 돈 없다고 월 300만 원 벌어 200만 원 쓰고 100만 원 저축하는 집안 돈을 홀랑 빌려서 해 먹는 그런 경우에는 절대 해당되지 마시기 바랍니다. 결국 돈 때문에 가족끼리 등지게 되니까요.

한번 겪고 당해보면 가족 간 돈거래라는 것이 얼마나 무서운 건지, 사람마다 돈 관념이 달라 의견이 상충되면 어떤 결과를 낳게 되는지 뼈저리게 느끼게 되실 겁니다.

PART 3

절약 이야기

MART!
1+1
Shopping time

한 달 자취 생활비

부모로부터의 경제적 독립과 자유, 깨끗한 원룸이나 오피스텔에서의 화려한 싱글라이프! 누구나 꿈꾸는 이상입니다. 그러나 막상 혼자 독립해 살아보면 생활비가 만만치 않게 드는데요. 자취 생활 하시면서 "도대체 쓰는 것도 없는데 왜 이렇게 돈이 많이 들지?"라는 질문을 많이들 해 보셨을 겁니다.

물론 저도 그랬습니다. 고등학교 시절은 기숙사에 살아서 몰랐고, 군대 시절은 군대에서 먹여주고 재워주니 몰랐고, 대학 시절은 신촌 노고산동, 연희동 반지하와 고시원을 전전하며 살았으나 부모님이 집세 내주시고 용돈도 따박따박 받아 생활하니까, 그저 마냥 몰랐던 겁니다.

대기업 입사 후 제 첫 수습 월급은 210만 원 이었습니다. 막상 회사 근처 방을 구하려니 10평 남짓한 오피스텔 월세가 보증금 1,000만 원에 55만 원을 달라더라구요. 도저히 감당이 안 될 것 같아 지하철 30분 거리 성남 복정동 어딘가 500/30 원룸을 구했습니다. 원룸에서 나와 경원대역까지 걸어서 10분 이상 되는 곳에 위치한 원룸이었습니다.

수습 신입사원 월급 210만 원을 타서 월세 30만 원을 지출하고 시작을 했습니다. 그럼 지금부터 500/30 사는 수도권 거주 청년들의 한 달 생활비가 어느 정도 들어가는지 면밀하게 분석해 보도록 하겠습니다 하루 생활비 기준으로 뽑아보면요.

1) 월세: 하루 1만 원(월세 30만 원)

2) 휴대폰비: 하루 2,000원(월 6만 원)

3) 가스비: 하루 2,000원(월 6만 원)

4) 인터넷: 하루 700원(월 21,000원)

5) 관리비: 하루 1,000원(월 30,000원)

이상 기본 유틸리티로 하루 15,700원 지출

[아침]

6) 아침에 일어나 생수 한 컵 200mL: 70원(생수 6병 4,200원 최저가)

7) 샤워할 때 샴푸 100원(샴푸 1통 1만 원, 100번 사용)

8) 출근할 때 두유 500원(두유 24개 12,000원)

[출퇴근]

9) 출퇴근 지하철 왕복: 2,500원

[저녁]

10) 김 1봉지 250원(20개 5,000원)

11) 쌀 100g 300원(4kg 12,000원)

12) 고기 200g 3,000원(돼지, 오리, 냉동식품 등)

13) 계란 1개 200원(10구 2,000원)

14) 밥 먹고 생수 한 컵 200mL: 70원

[간식]

15) 귤 2개 600원(100g 300원 시세)

16) 커피 믹스 1개 100원

17) 밤에 자기 전 생수 한 컵 200mL: 70원

총 23,460원 지출

이상입니다…. 휴… 막상 글로 써보니 한숨이 절로 나옵니다.

진짜 아침부터 거의 숨만 쉬고 살 정도로 출근해서는 그 흔하다는 아메리카노 한 잔 안 사 마시고, 집에 와서 200g 고기반찬에 저녁 한 끼 해먹었는데 진짜 인터넷이나 대형마트 최저가 기준으로 가격 책정해 숨만 쉬고 죽지 않을 정도로 적었는데 하루 생활비가 23,460원이나 나옵니다.

30일로 곱하면 703,800원입니다. 물론 생활비는 여기서 늘면 늘었지 절대로 줄지는 않습니다. 왜냐면 주말엔 점심을 해 먹거나 사 먹어야 되고, 그래도 한 달에 한 번은 치킨이나 족발도 시켜먹고 때로는 회사에서 돌아가면서 아메리카노 한 잔씩 쏘면서 가오도 잡아야 되거든요.

그리고 물가 조회해보면 알겠지만 거의 인터넷 최저가 기준으로 산정한 가격입니다. 회사 출근하니 바빠서 인터넷에서 주문배송 못 받으면 대형마트 가서 사거나 해야 되는데 그럼 물가는 더 올라갑니다. 두유의 경우 인터넷 500원짜리, 마트 가면 싸보이지만 600~700원에 팔고 있으니까요.

하루 23,460원×30일×12개월 하면 1년 8,445,600원 그냥 지출이 됩니다. 정말 저렇게 거의 아무것도 안 하고 생존에 필요한 밥만 먹으면서 숨만 쉬고 살아도 1년에 800만 원 이상 지출되게 냉혹한 현실입니다. 800만 원을 이자로 받으려면 은행 정기예금 4억이 넘게 있어야 하는 서글픈 현실인 것이죠.

나도 모르게 저렇게 야금야금 들어가는 도시 생활비 때문에 젊은 직장인이 돈이 없고 살기가 팍팍한 것입니다.

냉정하게 자취생활비 지출 내역을 가계부로 써보면 학창시절 살림하던 우리 가정주부 어머님들이 왜 그토록 싼 거 찾고 아끼려고 노력했는지 시장가면 깎고 또 깎았는지 깨닫게 됩니다.

대형마트

: 6만 원 장보고 만 원 아끼는 법. 만 원이면 계란 3판, 우유 4통, 고기 한 근이다. 무시 말라.

롯데마트, 이마트, 하나로마트, 홈플러스, 킴스클럽 등등 대형마트 가보시면 신용카드로 할인 많이 해주는 혜택들이 있지요. 전월 실적이 필요하고 마트 할인에 묶인 카드 상품은 다른 할인이 제한적인 부분도 있구요.

그런데 카드 할인말고도 대형마트에서 8~16% 할인이 가능한 꼼수 방법 핵꿀팁이 있으니 뭐 아실만한 분은 다 아실 테지만 혹여 아직도 모르시는 분들을 위해 써볼게요.

휴대폰 요금 데이터 많이 사용해 통신사 VIP/GOLD이신 분들 많으실 겁니다. 저도 많이 안 쓰는데 VIP거든요. 그걸로 매달 영화 공짜로 다 보고는 있으시죠? 요새는 예매비 1,000원 사라져 예매하면 그냥 공짜로 영화 볼 수 있구요. 영화는 기호니까 봐도 그만 안 봐도 그만입니다.

그런데 마트는 꼭 먹어야 할 걸 사야 하는 곳인데, 이 마트와 통신사 혜택을 조합시키면 꼼수를 만들 수 있어요.

통신사 혜택으로 주는 마트 상품권을 할인 구매하시면 됩니다. 매달 초 되면 풀리거든요. 10% 할인되는 짝수 달에는 9만 원에 살 수 있고, 평달은 9.5만 원에 살 수 있습니다. 이 상품권을 사서 저는 아래와 같이 장을 봅니다.

구분	가격	5% 할인 구매
이마트 상품권	**₩100,000**	**₩95,000**
계란 2판	₩6,000	
바나나 1송이	₩4,000	
오렌지 4개	₩4,000	
우유	₩6,000	
생수	₩6,000	
돼지고기 목살	₩20,000	
닭고기 2kg	₩14,000	
장보기 합계	**₩60,000**	
거스름돈	₩40,000	
실제쓴돈	**₩55,000**	
할인율	8.33%	

자취 오래 해서 마트 물가 훤히 다 알죠. 계란, 바나나, 오렌지, 우유, 생수, 목살, 닭고기… 아주 기본적으로 필요한 식재료만 사서 6만 원 맞추고요. 상품권 주고 결제를 합니다. 그다음 거스름돈은 현찰로 받으시면 됩니다. 상품권은 60% 이상 쓰면 잔돈을 현금으로 돌려받을 수 있거든요. 그럼 10만 원짜리 상품권 5천 원 할인해서 사서 6만 원 장보고 5천 원 아낀 겁니다. 6만 원어치 장 보면서 55,000원 쓴 거죠. 할인율로 따지면 8.33% 할인받으신 겁니다.

5천 원이면 계란이 1.5판이고, 우유가 2통이고, 오렌지가 5개고, 바나나 한 덩이가 넘습니다. 완전 꿀 아닌가요?

그러면 5% 할인 말고 짝수 달에 파는 10% 할인 상품권으로 똑같이 해볼게요.

구분	가격	10% 할인 구매
이마트 상품권	**₩100,000**	**₩90,000**
계란 2판	₩6,000	
바나나 1송이	₩4,000	
오렌지 4개	₩4,000	
우유	₩6,000	
생수	₩6,000	
돼지고기 목살	₩20,000	
닭고기 2kg	₩14,000	
장보기 합계	**₩60,000**	
거스름돈	₩40,000	
실제쓴돈	**₩50,000**	
할인율	16.67%	

짝수 달 만 원 할인해서 상품권 사서 6만 원 장 보고 4만 원 현금 잔돈 돌려받기 신공 썼더니 6만 원어치 장을 5만 원에 본 결과가 나오죠. 가격 할인율은 16% 이상 나옵니다. 그럼 1만 원 바로 아낀 거예요. 이거 완전 벌꿀 같은 꼼수 아닌가요?

만 원이면 계란이 3판이요, 우유가 4통이요, 삼겹살이 한 근입니다. 만 원이면 김밥천국 김밥 5줄이요, 라면이 20개요, 햇반이 10개입니다.

절약습관

: 20년 후 외제 차 공짜로 살 돈 생기는 마법 같은 이야기

그동안 써온 글 버팀목전세대출, 주택청약저축, 디딤돌대출, 생활비 절약 내용을 종합해서 글을 한번 써보겠습니다. 생활물가 절약에 대해, 그 습관에 대해 말씀을 드려볼까 합니다.

한때 뉴스나 공공기관에서 "매일 스타벅스 갈 돈 아끼면 집을 산다"느니, "원두커피 살 돈 적금하면 얼마를 아낀다"느니 이러면서 젊은 직장인들 가심비, 욜로 인생에 연일 크리를 날려 도발해 젊은 네티즌들의 원성을 샀었던 거 기억하실 겁니다.

그냥 매일 스타벅스 가서 커피 드셔도, 그래도 됩니다. 왜 그런지는 아래에서 설명드릴게요. 다만 정말 사소한 습관성 소비 절약이 10년 후, 20년 후, 30년 후 어떻게 달라지게 되는지 정확한 데이터를 바탕으로 알려드리고 싶은 글입니다.

미국 NASA에서 우주왕복선이 우주 임무를 수행하고 지구 궤도에 진입할 때 진입 각도가 1도만 차이 나도 대기권 진입을 못 하고 우주로 튕겨져 나가 버리게 된다는 비유를 해보면 부모님이 주는 용돈을 쓸 때와는 다르게 내가 직접 돈을 벌게 되는 사회초년생 때 형성된 소비습관, 절약습관의 작은 차이가 인생 전체를 두고 어떻게 차이가 나는지 보여드리고 싶을 뿐인 글입니다. 그럼 시작해 볼까요.

도시에 사는 자취하시는 직장인 분들 대형마트 가끔 나가시죠. 평일엔 퇴근하고 지치니까 힘들고 보통은 금요일 저녁이나 밤에 가거나 토요일 낮이나 토요일 밤늦은 시간에 가기도 합니다. 서울, 경기도는 대형마트 24시간 하는 곳도 있구요. 좀 한가할 때 찾죠. 저도 그랬습니다.

평소에 밥을 잘 못 해 먹으니 마트 가면 주로 계란 같은 거, 바나나, 오렌지, 햇반, 라면 이런 위주로 많이 삽니다. 계란 하나를 사더라도 10구짜리를 사죠. 한 판 사봐야 가족도 없이 혼자 사는데 먹지도 못하고 유통기한 지나 버리니까 말이죠. 그래서 10알짜리 사는데 2,500원짜리부터 3,000원, 3,500원 이렇게 비싼 달걀도 있습니다. 어차피 '욜로, 가심비, 몸에 좋은 거 그래봐야 몇백 원 차이' 생각해서 삼천 원 넘는 유정란, 유기농 달걀 집습니다.

그리고 출근할 때 간단하게 꺼내 먹을 수 있는 멸균우유나, 장 안 좋은 분들은 락토프리 멸균우유, 또는 두유 같은 걸 집죠. 어차피 오래 두고 먹을 수 있으니까요.

그런데 이렇게 "어차피 몇백 원", "어차피 간 김에 사자" 생각하는 A라는 사람이 있는 반면에 "그 몇백 원이라도 아껴서" "이런 건 인터넷으로 싸게" 라고 생각하는 B라는 사람이 있습니다.

A와 B의 20년 후 자산이 얼마나 차이가 나게 되는지 표를 구성해 놓고 설명을 드려볼게요.

매일 절약	1일	1개월	10년	20년	30년
계란 1개	₩50	₩1,500	₩182,500	₩365,000	₩547,500
베지밀 1개	₩100	₩3,000	₩365,000	₩730,000	₩1,095,000
커피 한 잔	₩500	₩15,000	₩1,825,000	₩3,650,000	₩5,475,000
매월 절약	**1개월**	**1개월**	**10년**	**20년**	**30년**
비누 1개	₩1,000	₩1,000	₩120,000	₩240,000	₩360,000
휴지 2개	₩800	₩800	₩96,000	₩192,000	₩288,000
휴대폰 요금	₩10,000	₩10,000	₩1,200,000	₩2,400,000	₩3,600,000
전기 요금	₩3,000	₩3,000	₩360,000	₩720,000	₩1,080,000
가스비	₩3,000	₩3,000	₩360,000	₩720,000	₩1,080,000
마트 상품권할인	₩10,000	₩10,000	₩1,200,000	₩2,400,000	₩3,600,000
격주 절약	**격주**	**1개월**	**10년**	**20년**	**30년**
치킨 1미리, 쿠폰 등	W2,000	W4,000	W480,000	W960,000	₩1,440,000
피자 1판, 버거쿠폰	₩5,000	₩10,000	₩1,200,000	₩2,400,000	₩3,600,000
총 절약금액		**₩61,300**	**₩7,388,500**	**₩14,777,000**	**₩22,165,500**

▲ 생활물가 절약 20년 후 자산 차이

표가 좀 복잡하죠. 상세하게 설명을 드리겠습니다.

매일 절약	1일	1개월	10년	20년	30년
계란 1개	₩50	₩1,500	₩182,500	₩365,000	₩547,500
베지밀 1개	₩100	₩3,000	₩365,000	₩730,000	₩1,095,000
커피 한 잔	₩500	₩15,000	₩1,825,000	₩3,650,000	₩5,475,000

▲ 계란 1개 50원, 두유 1개 100원, 아메리카노 한 잔 500원 아꼈을 경우

계란 10구에 3,500원짜리 사는 대신에 3,000원짜리 사서 1개 당 50원 아꼈을 경우

두유 인터넷 쇼핑으로 싸게 사는 경우 1개 당 100원 이상 아낄 수가 있습니다.(실제로는 200원 이상 아껴짐)

커피, 아메리카노 부분입니다. 매일 한 잔에 500원으로 계산했습니다. 위에서 제가 스타벅스 매일 가셔도 된다고 했습니다. 가셨을 때 프라푸치노 6,500원 주고 사먹는 대신 6,000원짜리 메뉴 드시면 되고, 프라푸치노 4번 먹고 한 번은 아메리카노 한 잔으로 대신해 2,000원 아끼셔도 됩니다. 아니면 8번 스타벅스 가고, 한 번 빽다방 가셔도 됩니다. 투샷 넣을 거 원샷으로 갈음하셔도 됩니다. 평균 한 잔에 500원 아껴보자 이런 뜻입니다.

매월 절약	1개월	1개월	10년	20년	30년
비누 1개	₩1,000	₩1,000	₩120,000	₩240,000	₩360,000
휴지 2개	₩800	₩800	₩96,000	₩192,000	₩288,000
휴대폰 요금	₩10,000	₩10,000	₩1,200,000	₩2,400,000	₩3,600,000
전기 요금	₩3,000	₩3,000	₩360,000	₩720,000	₩1,080,000
가스비	₩3,000	₩3,000	₩360,000	₩720,000	₩1,080,000
마트 상품권 할인	₩10,000	₩10,000	₩1,200,000	₩2,400,000	₩3,600,000

▲ 비누, 휴지, 휴대폰, 전기, 가스, 마트 상품권

비누 같은 거 보통 한 달에 1개 정도는 씁니다. 인터넷 쇼핑으로 사거나, 마트 전단 행사로 1+1할 때 사서 쟁여놓으시면 월 1개꼴로 1천 원 절약할 수 있습니다.

휴지도 마찬가지예요. 월 2개 기준으로 1+1이나 홈쇼핑이나, 인터넷 쇼핑

으로 사면 월 2개 기준 800원은 아낄 수 있습니다. 휴대폰 요금 8만 원 낼 거 7만 원 요금제로, 7만 원 낼 거 6만 원 요금제로 조금, 아주 조금 불편함을 감수하고 비용을 낮춰 봅니다.

전기 요금 3만 원 나올 거 2.7만 원으로 5만 원 나올 거 4.7만 원으로 3천 원 정도 전기절약 습관을 길러봅니다. 유휴 전기 차단, 형광등 잘 끄기만 해도 저 정도는 아낄 수가 있습니다.

가스비 마찬가지입니다.

마트 상품권 할인 앞의 대형마트 편에서 평달 5% 할인, 짝수달 10% 할인 상품권 사서 6만 원 장보고 4만 원 돌려받기 신공하면 평달에 12만 원 장보고 1만 원 아낄 수 있고, 짝수달에 6만 원 장보고 1만 원 아낄 수 있습니다.

격주 절약	격주	1개월	10년	20년	30년
치킨 1마리,쿠폰 등	₩2,000	₩4,000	₩480,000	₩960,000	₩1,440,000
피자 1판,버거쿠폰	₩5,000	₩10,000	₩1,200,000	₩2,400,000	₩3,600,000
총 절약금액		₩61,300	₩7,388,500	₩14,777,000	₩22,165,500

▲ 2주에 한 번, 치킨 2,000원, 피자 5,000원

치킨, 피자, 족발… 배달음식 모두 포함입니다. 17,000원짜리 치킨 시켜먹는 대신에 15,000원짜리 치킨을 시켜먹거나 한 달에 한 번은 대형마트 치킨을 사 먹는다든지, 동네 잘하는 통닭을 사 먹는다든지 해서 평균 2,000원 정도를 아껴보는 겁니다. 또한 프리미엄 피자 2번 먹을 때, 클래식 피자 한 번 먹으면 5,000원 정도 아낄 수가 있습니다. 족발 한 번 시켜 먹고 한 번은 대형마트 족발 사다가 스팀에 놓고 쪄먹으면 바로 5,000~10,000원 아낄 수가 있습니다.

정리 한번 들어가 볼까요.

1) 계란 하루 1개 50원 아끼고

2) 두유 하루 1개 100원 아끼고

3) 스타벅스 하루 한 잔 500원 아끼고

4) 비누 월 1개 1,000원 아끼고

5) 휴지 월 2개 800원 아끼고

6) 휴대폰 요금 10,000원 아끼고

7) 전기세 3,000원 아끼고

8) 가스비 3,000원 아끼고

9) 마트 상품권 10,000원 할인받고

10) 치킨, 피자, 족발 7,000원 아끼면

구분	20년	30년	40년
1인 가구	₩14,777,000	₩22,165,500	₩29,554,000
2인 가구	₩29,554,000	₩44,331,000	₩59,108,000
3인 가구	₩44,331,000	₩66,496,500	₩88,662,000
버팀목전세 4년	₩9,600,000	₩9,600,000	₩9,600,000
디딤돌대출(-0.2%)	₩4,032,000	₩6,552,000	₩7,560,000
3인 가구 절약 총계	₩57,963,000	₩82,648,500	₩105,822,000

1인 독신 가구 기준

20년 후 1,470만 원 자산의 차이가 벌어집니다.

30년 후 2,216만 원 자산의 차이가 벌어집니다.

결혼을 해서 자녀 한 명 둔 3인 가구 기준으로 계산을 다시 해보면

3인 가구 기준

20년 후 4,433만 원 자산의 차이가 벌어집니다.

30년 후 6,650만 원 자산의 차이가 벌어집니다.

여기에, 사회초년생 때 버팀목전세대출을 이용해 4년 동안 월세 20만 원 정도를 아꼈다고 계산한 비용 960만 원을 추가하고, 전세 4년을 뺀 나머지 16년(20년), 26년(30년) 간 디딤돌대출로 내 집 마련을 하면서 청약저축을 활용해 -0.2% 이자를 아낀 비용을 400만 원, 655만 원을 더해보면 3인 가구 기준(생활물가절약+버팀목전세 4년+디딤돌대출-0.2% 청약우대금리)

20년 후 5,796만 원 자산의 차이가 벌어집니다.

30년 후 8,265만 원 자산의 차이가 벌어집니다.

즉, 결혼을 해서 아이 한 명을 낳고 버팀목 전세 4년을 살다가 디딤돌대출로 아파트 대출을 받아 내 집 마련해 살다가 아이가 대학교 들어갈 시기인 20년이 지나면 평범한 3인 가정 A, B의 자산의 차이는 5,800만 원 벌어진다는 뜻이 됩니다. 자녀가 결혼을 하게 되는 30년 후에는 무려 8,300만 원 가까운 자산의 차이가 벌어지게 된다는 뜻이죠. 저 기간에 대한 복리 이자는 계산도 하지 않았는데 말이죠.

결국 똑같은 월급을 받는 똑같은 직장의 외벌이 가정에서

A는 젊을 때부터 "어차피 몇백 원" "어차피 간 김에 사자"라고 생각하며 살았고 B는 "그 몇백 원이라도 아껴서" "이런 건 인터넷으로 싸게" 산 결과

B는 자녀를 대학교 입학시킨 기념으로 BMW5 시리즈, 벤츠 E클래스, 제네시스 G80 한 대를 올 캐쉬로 현찰 흔들고 살 수 있을 정도의 차이가 벌어지게 된다는 뜻이죠.

참 신기하지 않나요? 싸다고 대량 구매하면 어김없이 버리게 되는 건전지나 이런 건 취급도 안 했습니다. 외식할 때, 햄버거 이런 거 사 먹을 때, 영화 볼 때 할인쿠폰 이런 것도 취급도 안 했어요. 평소에 충분히 아낄 수 있는 단 몇 가지의 생활 필수 품목만 놓고 계산을 해도 저렇게 큰 차이가 벌어집니다.

매일 절약	1일	1개월	10년	20년	30년
계란 1개	₩50	₩1,500	₩182,500	₩365,000	₩547,500
베지밀 1개	₩100	₩3,000	₩365,000	₩730,000	₩1,095,000
커피 한 잔	₩500	₩15,000	₩1,825,000	₩3,650,000	₩5,475,000
매월 절약	**1개월**	**1개월**	**10년**	**20년**	**30년**
비누 1개	₩1,000	₩1,000	₩120,000	₩240,000	₩360,000
휴지 2개	₩800	₩800	₩96,000	₩192,000	₩288,000
휴대폰 요금	₩10,000	₩10,000	₩1,200,000	₩2,400,000	₩3,600,000
전기 요금	₩3,000	₩3,000	₩360,000	₩720,000	₩1,080,000
가스비	₩3,000	₩3,000	₩360,000	₩720,000	₩1,080,000
마트 상품권할인	₩10,000	₩10,000	₩1,200,000	₩2,400,000	₩3,600,000
격주 절약	**격주**	**1개월**	**10년**	**20년**	**30년**
치킨 1마리, 쿠폰 등	₩2,000	₩4,000	₩480,000	₩960,000	₩1,440,000
피자 1판, 버거쿠폰	₩5,000	₩10,000	₩1,200,000	₩2,400,000	₩3,600,000
총 절약금액		**₩61,300**	**₩7,388,500**	**₩14,777,000**	**₩22,165,500**

우주왕복선이 지구 궤도에 진입할 때 1도만 진입 각도가 차이 나도 대기권 진입을 못 하고 우주로 튕겨져 나가버리게 되듯, 지금부터라도 생활 소비 습관 초기 궤도 잘 잡으시길 바랄게요. 20년 지나면 고급세단이 여러분들을 기다리고 있습니다~

PART 4

자영업자

명문家
T. 607-337
쓰리쎄븐가방
가방
모자
다시다
방앗간
빵
반찬
noma KIDS
포장배달전문

자영업자 대출

: 2천만 원 빌려 한 달 이자 4만 원 내는 꿀대출. 식당, 미용실, 소매가게 우리 가게도 되나요? 네 됩니다. 꼭 받으세요. 재단보증서 대출 이야기입니다.

대출금액	금리	연이자	월 이자	보증료
₩20,000,000	2.50%	₩500,000	₩41,667	₩400,000
실수령 대출금			월 이자	
₩19,600,000			₩41,667	

2년 대출, 금리 2.50%, 보증료 1% 2년치 선납의 경우

오늘은 자영업자분들 이야기를 해볼까 합니다. 제가 방금 유명 인터넷 포털에 '자영업자 대출'을 검색해 보니 실소가 나옵니다. 프리미엄 광고로 1위부터 10위까지 모든 검색 순위에 ○○머니, □□머니, △△대부 같은 고리대금 2금융권 업체 링크가 주루룩 나오네요.

오랫동안 자영업을 하신 분들, 직장을 그만두게 되어 요식업이나 치킨집, 프랜차이즈 커피숍, 제과점 등으로 퇴직금 들고 갑자기 자영업으로 뛰어드신 분들, 영세 소매가게하시는 분들, 옷가게하시는 분들, 택배업 사업자 가지고 부부가 택배 나르시는 분들, 편의점 자게 하시는 분들, 식당 하시는 분들, 미용실 하시는 분들 상관없이 꼭 읽으셔야 하는 글입니다.

가게하시다가 돈이 필요하시면 최우선적으로 국가에서 복지개념으로 만들어 놓은 자영업대출을 이용하는 것이 상책인데, 자영업자분들도 이걸 잘 모르셔서 신용등급도 나쁘지 않으면서 급하다고 이리저리 비싸게 고금리로 돈을 융통하는 경우가 많습니다.

저도 어릴 때 부모님께서 작은 가게를 운영하셨거든요. 학교 끝나고 심심해서 부모님이 운영하시는 가게에 가면 짜장면을 시켜주셨습니다. 짜장면 먹으면서 30분~1시간 정도 가게 있다가 집에 타박타박 걸어오고 그랬었는데요. 가게에 있다 보면 누군가 들어와서 만 원씩 받아가는 그런 게 있었습니다. 그냥 말도 없이 만 원 건네주면 받고 나가더라구요. 그게 뭐냐면 예전 일

수였던 거죠. 어릴 땐 몰랐는데 나중에 나이 들고 그때 생각해보면 '사채' '일수' 이런 말 꺼내면서 부모님께서 부부싸움도 많이 하셨던 기억이 납니다. 저희 부모님도 가게 운영하시면서 급하게 돈 없으면 사채를 끌어다 돌려막고 그러셨던 것 같습니다. 나중에 알고 보니 부모님 신용등급도 상당히 괜찮으셨는데 사채를 쓰셨더라구요. 그러니 얼마나 손해였겠습니까. 장사해서 남는 것도 없다. 이러시면서 말이죠. 안타까운 일이죠.

지금 인터넷 포털에 '자영업대출' 검색하면 주루룩 상위 랭커에 2금융권 대부업체 광고가 잠식하고 있는 걸 보면 예전 사채 쓰시며 가게 하셨던 부모님 생각도 나고, 또 자영업자분들 중 신용등급도 나쁘지 않은데 잘 모르고 비싼 이자 주고 고리대금 대출 쓰실까 봐 이런 글을 씁니다.

방법은 아주 간단합니다. 일단 신분증 들고 은행대출창구 가셔서 사업자대출되는 신용등급인지만 봐달라고 하세요. 은행에서 신용등급에 이상이 없다고 하면요, 그럼 바로 지금 살고 계시는 지역 '신용보증재단' 검색하셔서 가장 가까운 재단지점에 그냥 방문하시면 됩니다. 방문하실 때 아래 서류만 챙기시구요.

1) 사업자등록증명원(세무서)

2) 부가가치세과세표준증명원(세무서)

3) 국세완납증명서(세무서)

4) 지방세완납증명서(동사무소)

갑자기 저런 서류가 왜 필요하냐고, 방문해야 하냐고 물으실 텐데요. 저

서류 들고 가서 신용보증재단에 대출신청을 하시면 됩니다. 신용보증재단은 국가에서 기금을 만들어 싼 금리로 자영업자에게 돈 빌려주는 역할을 하는 공공기관이라고 생각을 하시면 됩니다. 일종의 복지개념이죠.

식당, 미용실, 영세 기게, 영세 택배, 영세 배달업 등 상관없어요. 사업자 등록되어 있고 매출신고 부가세과세표준 나오기만 하면 됩니다. 그 서류 가져다가 대출 신청하면 재단 공무원들이 매출 규모 보고 1천만 원~2천만 원 정도는 대출을 내줍니다. 그럼 며칠 안에 은행 가서 대출을 바로 받을 수가 있는 거예요.

시중은행협력자금 : 8,000억원 more▸ (단위

구분		지원규모	금리	지원대상 및 상환조건
일반지원	소계	7,860	2.15 ~ 3.15	- 이차보전(1.0 ~ 1.5%) - 1년거치 2~4년 균등분할 및 2년만기 일시 - 2년거치 3년 균등분할 상환
	경제활성화 자금	6,760		- 서울시 소재 중소기업 및 소상공인 - (유흥업소 등 융자지원제한업종은 제외)
	창업기업 자금	1,000		- 서울시 자영업지원센터(서울신용보증재단) 등의 창업교육을 받고, 창업 후 1년 이내 기업 (외국인 관련 교육자 포함) - 1인 창조기업, 서울시 청·장년 보육센터입주기업 및 졸업 2년 이내 기업 - 5천만원 이내

▲ 서울신용보증재단 자영업자 대출 정보
(이차보전 1.0~1.5% = 대출금리에서 1.0%~1.5% 깎아준다는 뜻)

"밑도 끝도 없이 사업자등록증하고 부가세과세표준원만 제출하면 대출을 그냥 해주나요?"라고 생각을 하시겠죠. 그런데, 네. 맞아요. 정말 밑도 끝도 없이 사업자 온전히 살아있고, 가게도 제대로 운영하고 계시고, 매출신고 금액이 적어도 얼마건 제대로 신고하셨고 신용등급 최악만 아니면 대출 그냥 해줍니다. 그것도 재단(국가)에서 대출금 100% 보증을 서주고, 금리까지 1.0%~1.5% 심지어 최대 2.0% 정도까지도 깎아서 국가에서 대신 은행한테 대출금리를 내줍니다. 그래서 대출금리가 2~4% 사이로 아주아주 매우

운전자금	소상공인 지원자금

○ 지원개요

- **융자규모 :** 1,500억원
- **융자한도 :** 업체당 최대 1억원
- **융자기간 :** 4년(1년 거치 3년 균분상환)
- **융자금리 :** 은행금리
- **고객부담금리 :** 은행금리 - 이차보전율(1.7%, 경영개선자금에 한해 2.0%)
- **지원내용 및 기준**

▲ 경기신용보증재단 자영업자 대출 정보
(이차보전 1.7% = 대출금리에서 1.7% 깎아준다는 뜻)

저렴하게 대출을 받을 수 있는 겁니다.

대출 조건도 대부분 1년~2년 동안 이자만 내는 대출입니다. 보통 1~2년 거치로 이자만 내다가 나중에 나눠서 갚는 방식이구요. 2천만 원 대출받으면 한 달 이자가 4만 원 정도에 불과합니다. 국가에서 대출금리의 1/3 정도를 대신 내주니까 이게 가능한 겁니다. 이 얼마나 싼 대출인가 말입니다.

대출금액	금리	연이자	월 이자	보증료
₩20,000,000	2.50%	₩500,000	₩41,667	₩400,000
실수령 대출금			월 이자	
₩19,600,000			₩41,667	

2년 대출, 금리 2.50%, 보증료 1% 2년치 선납의 경우

대출금액	금리	연이자	월 이자	보증료
₩20,000,000	3.00%	₩600,000	₩50,000	₩400,000
실수령 대출금			월 이자	
₩19,600,000			₩50,000	

2년 대출, 금리 3.00%, 보증료 1% 2년치 선납의 경우

단, 이자가 싼 대신에 재단(국가)에 보증료를 내야 되는 부분이 있는데요. 보통 대출원금의 1년 1% 정도 보증료를 선납해야 합니다. 2천만 원 2년 대출이면 보증료 40만 원을 선납해야 된다는 뜻이죠. 중간에 원금을 다 갚으면 보증료는 환불해 줍니다. 1년 지나 다 갚으면 20만 원은 환급해 준다는 뜻이에요. 저렇게 보증료를 내는 이유는 국가에서 100명의 자영업자에게 대출을 해줬는데 한 명이 사업 망해서 못 갚으면 국가세금하고 다른 자영업자들 보증료 1%씩 낸 걸로 손실을 메우기 때문이에요. 일종의 품앗이 부조개념이라고 생각을 하시면 됩니다.

그럼 결국 2천만 원 대출받으면 보증료 40만 원 2년 치 떼고 1,960만 원 받아서 매달 이자 4~5만 원만 내고 그 자금을 사업자금으로 활용하시면 되는 것이죠.

참 아무리 생각해봐도 싸게 받을 수 있는 자영업자만의 특권대출인데 이걸 잘 모르시는 분들이 많습니다. 주변에 자영업하고 있는데 비싼 대출 쓰고 있다면 꼭 알리셔서 국가에서 싸게 대출받으라고 만들어 놓은 자영업자 대출, 신용보증서 대출 꼭 활용하시기 바랍니다.

서울신용보증재단을 보니까 자영업자 대상 대출 기금 규모가 올해 6,700억 정도인데 2월까지 1,000억 정도 집행되었다고 나오네요. 아직 5,700억이나 대출할 거 남아 있으니 돈 필요하시면 신청해서 싼 금리로 이용하시기 바랄게요. 지역마다 재단이 다르므로 인터넷 검색하면 가까운 지점 나옵니다.

서울신용보증재단 http://www.seoulshinbo.co.kr

경기신용보증재단 https://www.gcgf.or.kr

제주신용보증재단 http://www.jejusinbo.co.kr

인천신용보증재단 http://www.icsinbo.or.kr

이런 식으로 검색하시면 됩니다. 아, 그런데 자영업이라고 다 대출해주는 건 아니구요. 귀금속, 유흥업소, 부동산임대업 같은 사업자는 대출 안 해줍니다. 국가에서는 그런 업종은 상식적으로 정당한 생계형 자영업이 아니라고 보거든요.

1) 자영업자 대출 국가에서 싸게 해준다. (금리 1~2% 국가에서 대신 내줌)

2) 은행 가서 신용등급 확인하고

3) 신용보증재단 방문해서 신청만 하면 된다. (사업자등록증, 부가가치세과세표준증명원 지참)

4) 가게 매출에 따라 다르지만 보통 1~2천만 원은 2~4% 금리로 대출 쉽게 나온다.

5) 보증료 1% 내야 하는 단점이 있다. 보증료 감안해도 대부분 2% 후반 ~4% 중반 금리다.

6) 급하다고 고리대금 대출 쓰시지 말고 신용보증재단 대출부터 최우선으로 알아보셔라.

7) 식당, 미용실, 소매가게, 옷가게, 택배업, 배달업, 편의점주 등 다 대출된다.

8) 귀금속, 유흥업소, 부동산임대업 같은 업종은 대출 안 해준다.

자영업자분들 꼭 이 글 읽고 국가에서 이자 1/3 대신 내주는 복지대출 잘 빼먹으시기 바랍니다.

PART 5

결혼 및 증여

결혼할 때 증여세 줄이는 방법

자금출처소명요청은 자식 신혼집으로 2~3억 증여하면 집에 날아옵니다. 금액 얼마 안 되는 자식 신혼집인데 설마 하다가 4~5년 후 느닷없이 자금출처소명요청서 날아옵니다.

귀하게 키운 아들이 드디어 장가를 가게 되었습니다. 축하드립니다. 아들이 회사에 취직해 열심히 5,000만 원을 모아놨습니다. 여유가 되면 며느리 볼 체면도 있고 해서 2~3억 증여해서 결혼할 때 집 해주고 싶은 것이 아들 둔 부모 마음입니다. "금액도 작고 신혼집이니까 괜찮겠지" "남들도 다 그렇게 하는데 괜찮겠지" "우리 때도 다 그렇게 했으니까 괜찮겠지" 하다가 큰코다칩니다.

자금출처소명요청은 보통 증여가 이루어지고 난 후 3년~5년 사이에 느닷없이 집으로 날아 들어오기 때문입니다. 그것도 아들네 집으로요. 그 기간 가산세까지 엄청 물어야 하죠.

NTS 기 관 명

취득 자금출처에 대한 해명자료 제출 안내

문서번호 : -

○ 성명 : 귀하 ○ 생년월일 :

안녕하십니까? 귀댁의 안녕과 화목을 기원합니다.

귀하가 아래의 재산을 취득한 것으로 확인되었으나 귀하의 소득 등으로 보아 자금원천이 확인되지 않는 부분이 있어 이 안내문을 보내드리니 **201 . . .까지** 아래 재산 명세에 대한 취득자금과 관계된 증빙자료를 제출하여 주시기 바랍니다.

취득한 재산 명세	
제출할 서류	1. 계좌 ○○○○○ 거래 명세서 2. ○○동 ○○번지 취득계약서 사본 등 증빙 3. 취득자금에 대한 금융증빙 4. 기타 해명할 내용
해명 요청 사항	1. 구체적으로 해명사항을 요청함 2. 3.

요청한 자료를 제출하지 않거나 제출한 자료가 불충분할 때에는 사실 확인을 위한 조사를 할 수 있음을 알려드립니다.

▲ 집으로 날아든 자금출처소명요청서, 호환·마마 보다 무섭다

그럼 자금출처소명 대상에 어떻게 걸릴 수 있는지 좀 설명을 드리려 합니다.

자금출처조사 대상에 걸리는 방법은 간단합니다.

1) 젊은 나이에 비싼 아파트 소유권 등기하였을 경우

2) 1년 2,000만 원 이상 이자나 배당소득이 발생하여 금융소득종합과세 대상에 오른 경우

이 두 가지라고 보시면 됩니다. 상세하게 들어가 볼까요.

1) 아파트 소유권 등기하였을 경우

젊은 나이에 아파트 소유권이 넘어간 건 전산 조회로 다 알 수 있습니다. 등기부도 700원 주면 일반인도 다 조회가 가능하지요. 국세청은 이런 경우

의심되면 여러분들 그동안 월급 탄 거, 카드 쓴 거, 현금영수증 쓴 거, 예금 얼마 있었고 얼마나 늘었는지, 주식 얼마 있는지 다 합법적으로 조회해서 대조해 봅니다. 무섭죠.

예를 들어보죠. 30살 아들이 신혼집하라고 부모님한테 3억을 증여 받았습니다.

3억짜리 아파트 등기를 했죠. 그럼 국세청은

- 그동안 월급 받은 거 전부 계산
- 그동안 카드 쓴 거, 현금 쓴 거 전부 계산
- 증여 전 예금 현황, 증여 후 예금 현황

이런 식으로 맞춰보고 돈이 2~3억 모자라 비잖아요. 그럼 그 돈을 증여세 대상으로 간주해서 집으로 자금출처소명요청서가 날아오는 겁니다. 그것도 여러분들 증여세 탈루할 잘못할 기회 시간적으로 충분히 주고 결혼해서 아기 낳고 한창 키우고 증여받은 거 잊을 만한 결혼하고 3년~5년 후에 말이죠.

4년 후에 저렇게 자금출처소명요청이 집으로 날아들면 본래 3억 증여하고 3% 깎아서 3,880만 원 내고 끝났을 증여세를 무신고가산 20%에다가, 납부불성실가산세 1,460일 치 추가해 5,000만 원 훨씬 넘는 세금을 내셔야 합니다. 아파트 한 채 증여받아 살고 있는데 갑자기 증여세로 수천만 원을 내야 하는 상황이 되는 것이지요. 참 골치 아파지는 겁니다.

2) 2,000만 원 금융소득종합과세자에 오른 경우

부모님한테 현금 5억을 증여받았습니다. 은행 이자 얼마 안 되니 배당받을 요량으로 ○○텔레콤 같은 고배당 주식을 2,200주 사뒀습니다. 1년에 배당금 세전 2,200만 원 받죠. 그럼 금융소득종합과세 대상에 오르고 자금출처소명 대상에 걸릴 수 있습니다. 이후는 과정은 위와 똑같습니다.

- 그동안 월급 받은 거 전부 계산
- 그동안 카드 쓴 거, 현금 쓴 거 전부 계산
- 증여 전 예금 현황, 증여 후 예금 현황

열어봤더니 4~5억 비었습니다. 그럼 증여세 대상으로 간주, 자금출처소명 요청서 날아옵니다. 그럼 어떻게 해야 할까요.

5억을 전부 이자 안 나오는 입출식 통장에 넣어놓는다? 그럼 이자를 못 받고 돈 썩히죠. 5억으로 부동산을 매매할 수 있나요? 그럼 바로 등기부 변동돼서 국세청에 걸리죠. 5억으로 ○○텔레콤 1,999주만 사서 절묘하게 금융소득 종합과세대상 피하고 배당금 1,999만 원만 받을까요? 그러다 회사 실적이 좋아 내년 1월에 배당금 10,000원에서 갑자기 11,000원으로 올려버리면? 5억으로 비트코인을 사놓을까요… 폭락할지 폭등할지 모르는데….

증여금액	아들 단독 증여세	분할 증여금액		아들-며느리-손자 증여세 총합
₩500,000,000	₩80,000,000	아들	₩270,000,000	₩34,000,000
		며느리	₩110,000,000	₩10,000,000
		손자	₩120,000,000	₩13,000,000
		분할 증여세		₩57,000,000

결국은 5억 증여면 단독 증여로 8,000만 원을 세금 내든지, 쪼개기 증여로 5,700만 원 정도 내든지, 아니면 빌렸다고 하든지 해서 속 편하게 합법적으로 받은 돈을 제도권인 부동산이나 은행, 주식으로 가지고 들어오는 게

낫다. 그런 사람이 많아지도록 유도하는 게 국세청의 역할인 것입니다.

결국은 증여세를 내든지 줄이든지, 아니면 차용증을 쓰든지 해야 되는 문제로 다시 돌아가게 되는 것이죠.

증여세를 저렇게 몇천만 원 내지 않고 줄이는 방법은 매우 간단합니다. 증여세 간단하게 줄이는 방법을 알려드려 볼게요. 구체적인 예를 들면서 설명을 드려볼게요.

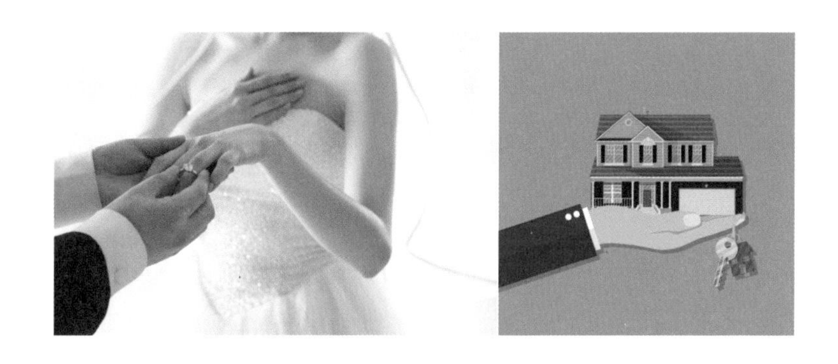

아들이 30살에 열심히 직장을 다녀 5천만 원을 모았습니다. 결혼할 때 부모님이 2.5억 지원해줘서 3억짜리 신혼집으로 등기를 하는 경우를 예로 들게요.

일단 아들 앞으로 아파트 매매계약서를 쓴 다음, 잔금일에 아들 통장에 2.5억을 송금하세요. 그다음 아들 통장에서 매도인 계좌로 송금을 해줍니다. 그럼 열쇠 받아서 신혼집 꾸미면 되구요. 은행 이체로 2.5억을 아들한테 이체를 해준 것이니 자금출처는 부모 자식 간 증여로 소명이 되었으며 이는 증여세 3,000만 원 과세 대상이 됩니다. 증여세는 현금으로 내시지 말고 바로 법무사를 찾아가세요. 법무사 찾아가셔서 "아들이 부모한테 오늘부로 2.5억 빌렸다. 금리는 연 2%, 월 이자 42만 원, 얼마 기간 언제까지" 이렇게 특정해서 차용증을 쓴 다음 법무사 공증을 받아 놓으시면 됩니다.

그다음 공증받은 차용증을 집안 장롱에 잘 보관하시고 아들은 매달 부모한테 42만 원 용돈을 입금해 주면 됩니다. 나중에 3~4년 뒤 자금출처소명 요청서가 날아오면 "난 그때 아들한테 증여한 게 아니고 돈을 빌려준 거다" "차용증 공증도 받아놨고, 매달 이자도 아들한테 받고 있다"라고 소명을 하시면 증여세 당장 안 내셔도 됩니다.

물론 이런 경우 세무서에서는 "증여세는 안 내셔도 되지만 개인 간 거래된 이자를 받으셨으니 그 이자에 대한 세금을 내라"고 할 겁니다. 그럼 그동안 아들한테 받은 이자 총액에 대한 이자소득세와 이자금리차액에 대한 증여세만 납부하면 끝나는 겁니다. 그 금액은 고작 몇백만 원 수준인 거죠. 참 웃기죠. 증여세 피하려고 차용증 쓰고 아들한테 이자 받았는데 그 아들한테 받은 이자까지도 국가에 이자소득세를 내야 합니다.

하여튼 아들한테 3억짜리 아파트 장만해주고 증여세 절세하는 방법은

1) 증여세 바로 내지 말고

2) 법무사 가서 차용증을 쓰고 이자를 받는다.

3) 10년 동안 자금출처 소명 안 당하면 기한 소멸되고

4) 10년 안에 자금출처 소명 걸리면 빌렸다고 하고 그동안 받은 이자에 대한 세금 내면 된다.

이렇게 되겠습니다.

또 다른 방법은 부모 자식 간 증여 공제 한도가 5천만 원이므로 이를 활용해 부동산 등기를 할 때 5천만 원이나, 증여세 좀 낸다고 계산해서 1.5억 정도 자녀 앞으로 쪼개서 등기를 해주고 나머지 지분은 자기가 갖고 있는 방법도 쓸 수가 있습니다. 무슨 장관 후보자가 이렇게 쪼개기 증여받아서 질타를 받았지만 그건 편법성이지 불법은 아니거든요.

어찌보면 국가에 세금 합법적으로 적게 내라고 세무사라는 직업이 존재하는 것입니다.

자녀가 결혼을 앞두고 있고 자녀한테 신혼집 장만해줄 요량이신 분들이라면 꼭 증여세 절세하는 방법 이용해서 평생 열심히 번 돈 아끼시기 바라겠습니다.

"설마 서민이 평생 벌어 자식 결혼하는데 작은 집 한 채 장만해주는 것도 증여세 물리려고"라고 생각하시면 안 됩니다. 세상이 바뀌었습니다. 그렇게 생각하다간 정말 나중에 큰코다칩니다. 미리미리 예방하세요.

최대한 이해하기 쉽게 적어보았습니다. 증여세, 금융소득종합과세, 자금출처소명요청 따지고 보면 정말 쉽지요. 문재인 정부 들어서 아파트 1.5억 이상만 되면 자금출처소명 대상에 오를 수 있기 때문에 항상 조심하셔야 합니다. 꼭꼭 미리미리 챙겨 증여세 현명하게 줄이시길 바라겠습니다.

증여세 계산표

: 1억~15억 단독증여 → 부모 자식 간 증여

증여세 계산하기 어려우신 분들을 위해 표로 만들었습니다. 한눈에 확인하세요.

증여금액	증여세	구간 공제	~1억 10%	1억~4억 20%	5억~10억 30%	10억~30억 40%
1억	₩5,000,000	오천만 원	오천만 원			
1.5억	₩9,000,000	오천만 원	1억			
2억	₩18,000,000	오천만 원	1억	오천만 원		
2.5억	₩27,000,000	오천만 원	1억	1억		
3억	₩36,000,000	오천만 원	1억	1.5억		
3.5억	₩45,000,000	오천만 원	1억	2억		
4억	₩54,000,000	오천만 원	1억	2.5억		
4.5억	₩63,000,000	오천만 원	1억	3억		
5억	₩80,000,000	오천만 원	1억	3.5억		

▲ 현금 증여세 계산 1억~5억

증여금액	증여세	구간 공제	~1억 10%	1억~4억 20%	5억~10억 30%	10억~30억 40%
5.5억	₩90,000,000	오천만 원	1억	4억		
6억	₩94,500,000	오천만 원	1억	4억	오천만 원	
6.5억	₩108,000,000	오천만 원	1억	4억	1억	
7억	₩121,500,000	오천만 원	1억	4억	1.5억	
7.5억	₩135,000,000	오천만 원	1억	4억	2억	
8억	₩148,500,000	오천만 원	1억	4억	2.5억	
8.5억	₩162,000,000	오천만 원	1억	4억	3억	
9억	₩175,500,000	오천만 원	1억	4억	3.5억	
9.5억	₩189,000,000	오천만 원	1억	4억	4억	
10억	₩225,000,000	오천만 원	1억	4억	4.5억	

▲ 현금 증여세 계산 5.5억~10억

증여금액	증여세	구간 공제	~1억 10%	1억~4억 20%	5억~10억 30%	10억~30억 40%
10.5억	₩240,000,000	오천만 원	1억	4억	5억	
11억	₩234,000,000	오천만 원	1억	4억	5억	오천만 원
11.5억	₩252,000,000	오천만 원	1억	4억	5억	1억
12억	₩270,000,000	오천만 원	1억	4억	5억	1.5억
12.5억	₩288,000,000	오천만 원	1억	4억	5억	2억
13억	₩306,000,000	오천만 원	1억	4억	5억	2.5억
13.5억	₩324,000,000	오천만 원	1억	4억	5억	3억
14억	₩342,000,000	오천만 원	1억	4억	5억	3.5억
14.5억	₩360,000,000	오천만 원	1억	4억	5억	4억
15억	₩420,000,000	오천만 원	1억	4억	5억	4.5억

▲ 현금 증여세 계산 1.5억~15억

증여세라는 것이 생돈 나라에 갖다 바치는 것 같아서 증여세 내는 거 피눈물 나지요. 금액이 크면

1) 분할 증여(아들-며느리-손주 쪼개기 증여)

2) 차용증 쓰고 빌렸다고 하기 등

세금 줄이는 방법 있으니 꼭 세무사 찾아서 상담하세요.

증여금액	증여세
₩100,000,000	₩5,000,000
₩150,000,000	₩9,000,000
₩200,000,000	₩18,000,000
₩250,000,000	₩27,000,000
₩300,000,000	₩36,000,000
₩350,000,000	₩45,000,000
₩400,000,000	₩54,000,000
₩450,000,000	₩63,000,000
₩500,000,000	₩80,000,000

증여금액	증여세
₩550,000,000	₩90,000,000
₩600,000,000	₩94,500,000
₩650,000,000	₩108,000,000
₩700,000,000	₩121,500,000
₩750,000,000	₩135,000,000
₩800,000,000	₩148,500,000
₩850,000,000	₩162,000,000
₩900,000,000	₩175,500,000
₩950,000,000	₩189,000,000
₩1,000,000,000	₩225,000,000

증여금액	증여세
₩1,050,000,000	₩240,000,000
₩1,100,000,000	₩234,000,000
₩1,150,000,000	₩252,000,000
₩1,200,000,000	₩270,000,000
₩1,250,000,000	₩288,000,000
₩1,300,000,000	₩306,000,000
₩1,350,000,000	₩324,000,000
₩1,400,000,000	₩342,000,000
₩1,450,000,000	₩360,000,000
₩1,500,000,000	₩420,000,000

쪼개기 증여

: 증여세 절감 방법, 1억~5억 증여 시. 부모님이 증여해 준다고 할 때, 받을까? 말까?

증여 관련 글을 세 번째 쓰게 되는데요. 블로그 방명록에 비밀글로 쪼개기 증여하면 어떻게 되는지 물어보시는 분들이 좀 있으셔서요. 아들-며느리-손주 1명 이렇게 있을 경우 쪼개서 증여하면 증여세가 어떻게 낮아지는지 표로 만들어 보았습니다. 증여세율 구간은 똑같구요.

증여세 공제 한도는 아들 5,000만 원, 며느리 1,000만 원, 손자 2,000만 원입니다.

증여금액	아들 단독 증여세	분할 증여금액		아들-며느리-손자 증여세 총합
₩100,000,000	₩5,000,000	아들	₩70,000,000	₩2,000,000
		며느리	₩10,000,000	₩0
		손자	₩20,000,000	₩0
			분할 증여세	**₩2,000,000**

▲ 1억 - 단독 증여 시 500만 원, 쪼개기 증여 시 200만 원

증여금액	아들 단독 증여세	분할 증여금액		아들-며느리-손자 증여세 총합
₩200,000,000	₩20,000,000	아들	₩150,000,000	₩10,000,000
		며느리	₩30,000,000	₩2,000,000
		손자	₩20,000,000	
			분할 증여세	**₩12,000,000**

▲ 2억 – 단독 증여 시 2000만 원, 쪼개기 증여 시 1200만 원

증여금액	아들 단독 증여세	분할 증여금액		아들-며느리-손자 증여세 총합
₩300,000,000	₩40,000,000	아들	₩170,000,000	₩14,000,000
		며느리	₩110,000,000	₩10,000,000
		손자	₩20,000,000	
			분할 증여세	**₩24,000,000**

▲ 3억 – 단독 증여 시 4000만 원, 쪼개기 증여 시 2400만 원

증여금액	아들 단독 증여세	분할 증여금액		아들-며느리-손자 증여세 총합
₩400,000,000	₩60,000,000	아들	₩270,000,000	₩34,000,000
		며느리	₩110,000,000	₩10,000,000
		손자	₩20,000,000	
			분할 증여세	**₩44,000,000**

▲ 4억 – 단독 증여 시 6000만 원, 쪼개기 증여 시 4400만 원

증여금액	아들 단독 증여세	분할 증여금액		아들-며느리-손자 증여세 총합
₩500,000,000	₩80,000,000	아들	₩270,000,000	₩34,000,000
		며느리	₩110,000,000	₩10,000,000
		손자	₩120,000,000	₩13,000,000
			분할 증여세	**₩57,000,000**

▲ 5억 – 단독 증여 시 8000만 원, 쪼개기 증여 시 5700만 원(조부모→손주 30% 할증)

1억부터 5억까지 쪼개서 증여할 경우 이 정도 되겠습니다. 5억 증여 할 때 8,000만 원 낼 거 쪼개면 5,700만 원 내니까요. 사실 그것도 좀 아깝죠. 5,000만 원 넘는 생돈이잖아요. 그것마저 아깝다고 생각되시면 이전 글에 설명해 드렸듯 차용증 쓰시고 빌렸다고 하시면 됩니다.

*부모님이 증여해 주신다고 할 때 증여세 아까워서 그냥 돌아가시면 상속으로 받으시려는 경우가 있고, 형제간 사이가 안 좋을 경우 먼저 준다고 할 때 증여세 내고라도 먼저 확보해 두자는 경우가 있습니다. 집마다 상황이 각기 다르니 이는 잘 판단하시고 현명하게 선택하시길 바랄게요.

PART 6

노후 부동산

예비중1
중등영어개강
입시학원
1:1 개별 맞춤학습
어 학 원

내 돈 4억으로 10억 상가건물주

: 내 돈 4억으로 가능하다(대출과 동시에 은행 VIP 대우)

지방에 목 좋은 3층 규모 10억짜리 상가건물을 매입할 때 가능한 1금융권 담보대출 금액과 은행에서는 해당 담보대출을 어떻게 생각하고 취급하는지 설명드려 보겠습니다.

주거용 다가구 건물과 다르게 상가건물의 경우 담보인정비율이 10% 정도 낮아지게 됩니다. 주거용 오피스텔이나 다가구 건물의 담보인정비율이 75% 수준이라면, 상가건물의 경우는 60~65% 수준입니다. 그만큼 대출이 적게 나온다는 것이겠죠.

그럼 매매가 10억 정도의 상가건물을 매입하려고 하는 경우 한번 따져보겠습니다. 매매가 10억 정도라면 평균적으로 1억당 40만 원 정도의 임대소득을 올릴 수 있으므로 월 임대료 수준은 400만 원 때로는 그 이상 나오는 게 보통입니다.

구분	월세수입	관리비	보증금
1층-1호	₩1,400,000	₩100,000	₩50,000,000
1층-2호	₩700,000	₩50,000	₩30,000,000
2층-1호	₩700,000	₩80,000	₩30,000,000
2층-2호	₩500,000	₩40,000	₩10,000,000
3층-1호	₩700,000	₩80,000	₩30,000,000
	₩4,000,000	₩350,000	₩150,000,000
총계	₩4,350,000		

1층: 큰 가게 하나, 작은 가게 하나

2층: 큰 가게 하나, 작은 가게 하나

3층: 통으로 가게 하나

이렇게 총 5개 상가 임대차를 보유한 10억짜리 건물의 경우 예상되는 임대소득은 위와 같습니다. 월세와 최소 관리비 N등분을 하였을 경우 예상되는 임대료는 월 435만 원입니다.

그럼 대출이 얼마나 나오고 내가 필요한 돈은 얼마나 나오는지가 중요하겠죠. 일단 바로 표로 정리해드리고 설명하도록 하겠습니다.

건물 매매가	₩1,000,000,000
건물 감정가	₩1,000,000,000
담보인정비율 60%	₩600,000,000
보증금	₩150,000,000
대출가능금액	₩450,000,000
차액	₩400,000,000
취등록세 등(5%)	₩50,000,000
실투자금	₩450,000,000
대출금	₩450,000,000
연 이자(금리5%)	₩22,500,000
월세소득	₩52,200,000
차액	₩29,700,000
부대비용(20%)	₩10,440,000
순소득	₩19,260,000
투자수익률	4.28%
RTI	₩2.32

매매가 10억이고 상가건물 담보인정비율 60%를 적용하면 6억 원이 나오는데 이 금액에서 보증금 총액 1.5억을 차감하면 대출가능한 금액은 4.5억 원이 됩니다.

즉, 해당 10억짜리 상가건물을 사서 임대사업자를 등록하고 월세소득을 올리겠다고 은행에 찾아가면 은행에서는 고객의 신용등급이 정말 최악의 경우만 아니면 4.5억 원 이상은 대출을 해준다는 뜻입니다. 은행원이 적법한 감정가가 도출된 부동산에 대해 대출을 거절할 수도 없고 담보인정비율로 산정된 최대 대출금 4.5억은 나온다고 보시면 됩니다. 뭐 신용등급이나 은행 거래실적에 따라 금리만 차이가 나게 되겠지요.

그럼 매매가(감정가) 10억 원, 보증금 1.5억 원, 대출 4.5억 원을 끼우면 실제 필요한 돈은 4억 원이 됩니다. 여기에 취등록세+복비 등 기타 제반 비용을 충분히 5% 정도 계산하면 4.5억 원이 있으면 10억 원의 상가건물을 매입할 수 있다는 뜻이 됩니다.

평생 월급만 받으며 직장생활을 하신 분들은 10억 건물에 4.5억 대출받고 매입하는 게 무리한 것 같기도 하고 두렵기도 한 게 사실입니다. 경험해 보지 않았기 때문이죠. 그런데 은행 입장에서는 저렇게 대출을 내줘도 절대 안전하다고 생각합니다. 이유는 부동산 담보가 확실하고, 담보인정비율 60%로 혹시나 대출자가 망가져 경매에 들어가도 충분히 회수 가능한 비율이기 때문이지요. 또한 해당 건물 1건에 4억 넘는 대출을 한 고객은 바로 은행 VIP 우수 고객, 명절에 선물 보낼 고객 리스트에 들어가는 지점 최우수 고객으로 승격됩니다. 대출금액의 최소 1% 이상은 해당 지점 수익으로 바로 잡히기 때문입니다. 4억이면 1년에 400만 원인 거지요.

다시 돌아가 10억 건물에 대출 4.5억, 보증금 1.5억을 끼우고 내 돈 4억, 취등록세 및 복비 5% 감안하여 4.5억 들고 10억짜리 건물을 매입한 경우 기대되는 1년 수익을 산출해 보겠습니다.

월세소득: 5,220만 원

대출이자: 2,250만 원(4.5억 대출 연리 5% 가정 시)

차액: 2,970만 원

부대비용: 783만 원(월세소득의 15% 가정 시)

순소득: 2,187만 원

내 돈 4.5억으로 10억짜리 건물을 매입할 경우 대출금리 5%, 월세의 15%는 제반 비용으로 빼놓고 생각해도 1년에 2,200만 원의 순소득이 발생합니다.

RTI(임대료/대출이자) 는 2.32로 문재인 정부 규제 대상에 아예 걸리지도 않을 만큼 높게 나옵니다.

대출금리의 경우 신용등급 3~4등급의 경우 대출금리는 5% 아래로 떨굴 수 있습니다. 따라서 금리 상황에 따라 실제 기대소득은 여기에서 더 올라가게 됩니다.

만약 위 가정에서 부대비용을 월세소득의 20% 수준으로 올리게 되면 순소득은 1,926만 원으로 낮아지게 됩니다. 대출금리 5%, 월세소득의 20%를 부대비용으로 쓴다는 최악의 스트레스 테스트를 적용해도 1년에 2,000만 원 정도는 꾸준히 수익을 올릴 수 있다는 뜻이 됩니다.

만약 부부가 맞벌이를 하면서 저렇게 상가건물을 매입했다면 매년 대출연

장을 하러 가서 대출원금을 크게 상환하고 대출연장을 하면서 담보대출 원금을 빠른 시일 내에 상환할 수 있습니다.

건물 매매가	₩1,000,000,000
건물 감정가	₩1,000,000,000
담보인정비율 60%	₩600,000,000
보증금	₩150,000,000
대출가능금액	₩450,000,000
차액	₩400,000,000
취등록세 등(5%)	₩50,000,000
실투자금	₩450,000,000
대출금	₩450,000,000
연 이자(금리5%)	₩22,500,000
월세소득	₩52,200,000
차액	₩29,700,000
부대비용(20%)	₩10,440,000
순소득	₩19,260,000
투자수익률	4.28%
RTI	₩2.32

40대 맞벌이 가정이고 융통 가능한 현금자산이 3억 원 정도라면 부부가 각각 퇴직금 담보대출, 적립식보험 담보대출 등 금리가 낮은 대출을 받고 소득담보 신용대출까지 모두 받은 다음 4억 원을 마련하여 9억~10억 원 상가를 잡는 것도 좋은 방법일 수 있습니다. 물론 상가건물을 보는 눈은 본인 고향이나 아는 지역 위주로 잘 고르셔야겠지요.

일반인 입장에서 보았을 때 건물주 되는 건 어려운 것 같습니다. 그러나 은행원 입장에서 보았을 때는 건물주 되는 건 그리 어려운 일이 아닙니다. 왜냐면 매매가의 반 정도는 대출이 나오고 대출금액의 규모가 커질수록 은행은 우대금리를 최대한 더 많이 넣어서 금리를 낮춰주려고 합니다. 1건에 5억 대출이면 1년에 500만 원을 지점에 수익으로 안겨줍니다.

담보대출로 4억 5억씩 대출하는 고객은 은행에서는 대출 우량 VIP 고객으로 대우하며 실제로 은행 대출팀장들은 그런 고객분들을 가장 좋아합니다.

대출원금은 언제 갚냐구요? 임대사업자를 등록하면 원금상환 없이 매달 이자만 내면서 10년 내리 대출 유지가 가능합니다. 그럼 10년이 지나면? 똑같은 대출을 다시 내서 10년을 또 유지하시면 됩니다. 따라서 단기에 원금 갚을 걱정은 하지 않으셔도 됩니다.

내 돈 3억으로 10억 원룸건물주

: 내 돈 3억으로 가능하다. 과연 그럴까? 10억짜리 건물 사서 월세 타 먹는 게 내 돈 3억으로 가능하다고…? 진짜?

결론부터 말씀드리면 가능합니다. 건물주되는 방법 관련해서 몇 번 글을 써드렸는데요. 문재인 정부가 RTI니, 다주택자 규제니 온갖 겁을 주고 서민들 입장에선 건물주되는 게 먼나라 이웃나라 딴 세상 이야기 같겠지만. 정작 내용을 뜯어보면 건물주 되는 거 이게 참 어렵다고 말할 수 없는 부분입니다. 그럼 왜 그런지 살펴보겠습니다.

방 10개짜리 월세 타 먹는 10억짜리 지방의 원룸건물로 예를 들어 보겠습니다.

감정가	방수	연 월세총액	대출 가능 금액	RTI	담보인정비율
10억	10개	₩45,000,000	₩530,000,000	1.70	70%
10억	9개	₩45,000,000	₩547,000,000	1.65	70%
10억	8개	₩45,000,000	₩564,000,000	1.60	70%
10억	7개	₩45,000,000	₩581,000,000	1.55	70%
10억	6개	₩45,000,000	₩598,000,000	1.51	70%

▲ 10억 건물, 월세 4,500만 원, 대출금리 5.00%, 담보인정비율 70%

보수적으로 대출금리는 5.00% 계산해 보겠습니다. 담보인정비율 70%가 적용되는 방 10개짜리 다가구원룸건물의 경우 은행에서 대출해 주는 금액은 5.3억 원 정도입니다. 물론 방이 적어 1개씩 줄 때마다 대출 가능 금액은 소액임차보증금만큼 오르게 됩니다. 방 10개짜리 한번 보겠습니다.

표 하나로 깔끔하게 설명됩니다.

일단 은행에서 담보대출 5.3억이 나옵니다. 그다음, 방 10개 월세 보증금 500만 원 받습니다. 그럼 보증금으로 5,000만 원 확보, 공무원이시면 퇴직금 담보대출 5,000만 원 받습니다. 이 대출은 담보대출이라 다른 대출하고 상관없이 나올 수 있는 대출입니다. 신용대출 3,000만 원 정도? 그냥 직장 연봉 마이너스 통장 뚫으시면 됩니다. 이거 다 합치면 6.6억이 됩니다. 생각해 보면 크게 무리하지 않고 6.6억 원을 손쉽게 확보할 수 있습니다. 그럼 필요한 돈은 3.9억 원 정도가 되는 것이죠.

건물매매가(감정가)	₩1,000,000,000	10억
담보대출	₩530,000,000	5.3억
보증금	₩50,000,000	
퇴직금담보대출	₩50,000,000	
신용대출	₩30,000,000	
끌어올 수 있는 돈	₩660,000,000	6.6억
필요한 내 돈	**₩340,000,000**	
세금+복비+수선	₩50,000,000	
필요한 총액	**₩390,000,000**	**3.9억**
합계	**₩1,050,000,000**	**10.5억**

▲ 10억 건물, 방 10개, 필요한 내 돈 3.9억

만약 부부 공무원이거나 맞벌이시라면 두 분 다 신용대출+퇴직금담보대출을 받으면 자기 돈 3억으로도 충분히 가능하겠죠. 결국 3.9억 정도 있으면 10억 건물주가 될 수 있다, 이런 뜻이 됩니다.

앞의 계산은 담보인정비율 70%일 때를 계산한 경우입니다. 지역마다 다르지만 70% 인정되는 지역이 있고 조금 낮은 지역도 있습니다. 웬만한 시 단위 이상은 주거용 원룸건물인 경우 70~75% 적용되는 지역이 많습니다.

그럼 담보인정비율 75%일 때로 다시 계산해 보겠습니다.

감정가	방수	연 월세총액	대출 가능 금액	RTI	담보인정비율
10억	10개	₩45,000,000	₩530,000,000	1.70	70%
10억	9개	₩45,000,000	₩547,000,000	1.65	70%
10억	8개	₩45,000,000	₩564,000,000	1.60	70%
10억	7개	₩45,000,000	₩581,000,000	1.55	70%
10억	6개	₩45,000,000	₩598,000,000	1.51	70%

▲ 10억 건물, 월세 4,500만 원, 대출금리 5.00%, 담보인정비율 75%

건물매매가(감정가)	₩1,000,000,000	10억
담보대출	₩580,000,000	5.3억
보증금	₩50,000,000	
퇴직금담보대출	₩50,000,000	
신용대출	₩30,000,000	
끌어올 수 있는 돈	₩710,000,000	7.1억
필요한 내 돈	₩290,000,000	
세금+복비+수선	₩50,000,000	
필요한 총액	₩340,000,000	3.4억
합계	₩1,050,000,000	10.5억

▲ 10억 건물, 월세 4500만 원, 대출금리 5.00%, 담보인정비율 75%

담보인정비율이 5% 올라 75% 적용을 하니 대출은 5.8억까지 나옵니다. 그리고 보증금 5,000만 원, 기타 퇴직금대출, 신용대출받으면 7.1억 확보가 가능하죠. 나머지 필요한 돈은 3.4억 원입니다. 즉 3.4억으로 10억 건물주가 될 수 있다는 뜻이죠. 여기에 만약 월세 보증금을 500만 원에서 1,000만 원으로 살짝 올리면 추가로 5,000만 원도 손쉽게 확보가 가능합니다. 그렇게 되면 2.9억으로 10억짜리 건물을 잡을 수 있다는 뜻이 됩니다.

진짜 이렇게 건물을 잡는 방법이 말도 안 되게 무리라고 생각이 되실지도 모르겠습니다. 그러나 실제로 많은 분이 저렇게 건물주가 되고 계시고 심지어 저거보다 더 무리하게 대출을 받아 임대사업을 하고 계시는 분들도 많습니다. 어떻게 증명하냐구요?

위의 표 예시처럼 방 10개, 10억 건물에 대출 최대 5.8억 받으면 RTI가 1.55 나옵니다. 그런데 문재인 정부 규제는 주거용인 경우 RTI 1.25입니다. 저렇게 대출받아도 정부 규제인 RTI 1.25를 훨씬 초과하니 괜찮다는 겁니다. 이 말은 다시 말해 실제로 저것보다 엄청 무리하게 대출받아 임대사업하는 부동산 업자가 엄청 많다는 뜻이죠.

여윳돈이 2~3억 정도 있고 앞으로 5년~10년 정도 소득이 꾸준히 발생하며 늘 것 같고 노후가 조금 걱정되는 분들이시라면 목 좋고 안정적인 월세건물 잡을 때 꼭 생각해 보시기 바랍니다.

사실 평생 직장생활해서 월급만 받고 살면 저렇게 크게 대출받아 건물 사는 게 엄두가 잘 안 나는 게 사실입니다. 그런데 한번 목 좋은 건물 잘 잡아 재미 본 사람은 계속 저렇게 대출받아 부동산을 계속 늘려나갑니다.

다가구건물 대출 가능 금액 매트릭스 (지방, 4.5% 수익)

: 다가구건물, 원룸건물 얼마나 대출되나? RTI?

지방에 있는 대학교 근처나 병원 근처에 다가구원룸건물 투자하고 싶으신 분들 많으실 겁니다. 대출이 얼마나 나오는지, 문재인 정부 RTI 운운하는데 무슨 소린지 궁금하실 거예요. 10억~5억짜리 원룸건물 쉽게 표로 정리해 드렸으니까 참고하시면 됩니다.

보실 때, 월세수익률은 건물매매가(감정가) 4.5%로 놓았고, 대출금리는 5.00%로 계산했습니다. 정확한 건 꼭 은행에 가서 물어보고 결정하세요. 다음 표는 대충 이 정도 범위다, 이렇게 아시면 되겠습니다. 담보인정비율 75%인 경우와 70%인 경우 구분해서 작성하였습니다.

1) 다가구건물 대출 가능 금액 매트릭스 담보인정비율 75%인 경우

(지방, 월세수익률 4.5%, 금리 5.00%)

동일시세, 방 수별 대출 가능 금액

감정가	방 수	연 월세총액	대출 가능 금액	RTI	담보인정비율
10억	10개	₩45,000,000	₩580,000,000	1.55	75%
9.5억	10개	₩42,750,000	₩542,500,000	1.58	75%
9억	10개	₩40,500,000	₩505,000,000	1.60	75%
8.5억	10개	₩38,250,000	₩467,500,000	1.64	75%
8억	10개	₩36,000,000	₩430,000,000	1.67	75%
7.5억	10개	₩33,750,000	₩392,500,000	1.72	75%
7억	10개	₩31,500,000	₩355,000,000	1.77	75%
6.5억	10개	₩29,250,000	₩317,500,000	1.84	75%
6억	10개	₩27,000,000	₩280,000,000	1.93	75%
5.5억	10개	₩24,750,000	₩242,500,000	2.04	75%
5억	10개	₩22,500,000	₩205,000,000	2.20	75%

▲ 지역-은행마다 담보인정비율 상이, 상세 가능 금액은 은행 창구에서 정확하게 상담 요망

감정가	방 수	연 월세총액	대출 가능 금액	RTI	담보인정비율
5억	10개	₩22,500,000	₩205,000,000	2.20	75%
5억	9개	₩22,500,000	₩222,000,000	2.03	75%
5억	8개	₩22,500,000	₩239,000,000	1.88	75%
5억	7개	₩22,500,000	₩256,000,000	1.76	75%
5억	6개	₩22,500,000	₩273,000,000	1.65	75%

감정가	방 수	연 월세총액	대출 가능 금액	RTI	담보인정비율
6억	10개	₩27,000,000	₩280,000,000	1.93	75%
6억	9개	₩27,000,000	₩297,000,000	1.82	75%
6억	8개	₩27,000,000	₩314,000,000	1.72	75%
6억	7개	₩27,000,000	₩331,000,000	1.63	75%
6억	6개	₩27,000,000	₩348,000,000	1.55	75%

감정가	방 수	연 월세총액	대출가능금액	RTI	담보인정비율
7억	10개	₩31,500,000	₩320,000,000	1.97	70%
7억	9개	₩31,500,000	₩337,000,000	1.87	70%
7억	8개	₩31,500,000	₩354,000,000	1.78	70%
7억	7개	₩31,500,000	₩371,000,000	1.70	70%
7억	6개	₩31,500,000	₩388,000,000	1.62	70%

감정가	방 수	연 월세총액	대출가능금액	RTI	담보인정비율
8억	10개	₩36,000,000	₩390,000,000	1.85	70%
8억	9개	₩36,000,000	₩407,000,000	1.77	70%
8억	8개	₩36,000,000	₩424,000,000	1.70	70%
8억	7개	₩36,000,000	₩441,000,000	1.63	70%
8억	6개	₩36,000,000	₩458,000,000	1.57	70%

감정가	방 수	연 월세총액	대출가능금액	RTI	담보인정비율
9억	10개	₩40,500,000	₩460,000,000	1.76	70%
9억	9개	₩40,500,000	₩477,000,000	1.70	70%
9억	8개	₩40,500,000	₩494,000,000	1.64	70%
9억	7개	₩40,500,000	₩511,000,000	1.59	70%
9억	6개	₩40,500,000	₩528,000,000	1.53	70%

감정가	방 수	연 월세총액	대출가능금액	RTI	담보인정비율
10억	10개	₩45,000,000	₩530,000,000	1.70	70%
10억	9개	₩45,000,000	₩547,000,000	1.65	70%
10억	8개	₩45,000,000	₩564,000,000	1.60	70%
10억	7개	₩45,000,000	₩581,000,000	1.55	70%
10억	6개	₩45,000,000	₩598,000,000	1.51	70%

같은 가격의 건물이라도 방 수에 따라 대출 가능 금액 차이납니다.

2) 다가구건물 대출 가능 금액 매트릭스 담보인정비율 70%인 경우

(지방, 월세수익률 4.5%, 금리 5.00%)

감정가	방 수	연 월연세총액	대출 가능 금액	RTI	담보인정비율
10억	10개	₩45,000,000	₩530,000,000	1.70	70%
9.5억	10개	₩42,750,000	₩495,000,000	1.73	70%
9억	10개	₩40,500,000	₩460,000,000	1.76	70%
8.5억	10개	₩38,250,000	₩425,000,000	1.80	70%
8억	10개	₩36,000,000	₩390,000,000	1.85	70%
7.5억	10개	₩33,750,000	₩355,000,000	1.90	70%
7억	10개	₩31,500,000	₩320,000,000	1.97	70%
6.5억	10개	₩29,250,000	₩285,000,000	2.05	70%
6억	10개	₩27,000,000	₩250,000,000	2.16	70%
5.5억	10개	₩24,750,000	₩215,000,000	2.30	70%
5억	10개	₩22,500,000	₩180,000,000	2.50	70%

▲ 지역-은행마다 담보인정비율 상이, 상세 가능 금액은 은행 창구에서 정확하게 상담 요망

지역-은행마다 담보인정비율 상이, 상세 가능 금액은 은행 창구에서 정확하게 상담 요망

동일시세, 방 수별 대출 가능 금액

감정가	방 수	연 월세총액	대출 가능 금액	RTI	담보인정비율
5억	10개	₩22,500,000	₩180,000,000	2.50	70%
5억	9개	₩22,500,000	₩197,000,000	2.28	70%
5억	8개	₩22,500,000	₩214,000,000	2.10	70%
5억	7개	₩22,500,000	₩231,000,000	1.95	70%
5억	6개	₩22,500,000	₩248,000,000	1.81	70%

감정가	방 수	연 월세총액	대출 가능 금액	RTI	담보인정비율
6억	10개	₩27,000,000	₩250,000,000	2.16	70%
6억	9개	₩27,000,000	₩267,000,000	2.02	70%
6억	8개	₩27,000,000	₩284,000,000	1.90	70%
6억	7개	₩27,000,000	₩301,000,000	1.79	70%
6억	6개	₩27,000,000	₩318,000,000	1.70	70%

감정가	방 수	연 월세총액	대출 가능 금액	RTI	담보인정비율
7억	10개	₩31,500,000	₩320,000,000	1.97	70%
7억	9개	₩31,500,000	₩337,000,000	1.87	70%
7억	8개	₩31,500,000	₩354,000,000	1.78	70%
7억	7개	₩31,500,000	₩371,000,000	1.70	70%
7억	6개	₩31,500,000	₩388,000,000	1.62	70%

감정가	방 수	연 월세총액	대출 가능 금액	RTI	담보인정비율
8억	10개	₩36,000,000	₩390,000,000	1.85	70%
8억	9개	₩36,000,000	₩407,000,000	1.77	70%
8억	8개	₩36,000,000	₩424,000,000	1.70	70%
8억	7개	₩36,000,000	₩441,000,000	1.63	70%
8억	6개	₩36,000,000	₩458,000,000	1.57	70%

감정가	방 수	연 월세총액	대출 가능 금액	RTI	담보인정비율
9억	10개	₩40,500,000	₩460,000,000	1.76	70%
9억	9개	₩40,500,000	₩477,000,000	1.70	70%
9억	8개	₩40,500,000	₩494,000,000	1.64	70%
9억	7개	₩40,500,000	₩511,000,000	1.59	70%
9억	6개	₩40,500,000	₩528,000,000	1.53	70%

감정가	방 수	연 월세총액	대출 가능 금액	RTI	담보인정비율
10억	10개	₩45,000,000	₩530,000,000	1.70	70%
10억	9개	₩45,000,000	₩547,000,000	1.65	70%
10억	8개	₩45,000,000	₩564,000,000	1.60	70%
10억	7개	₩45,000,000	₩581,000,000	1.55	70%
10억	6개	₩45,000,000	₩598,000,000	1.51	70%

같은 가격의 건물이라도 방 수에 따라 대출 가능 금액 차이납니다.

※ 담보인정비율 낮아지면 대출 가능 금액 낮아짐, 금리 5% 기준 산정한 RTI

7억 이상 되는 원룸건물은 절반 정도는 대출 나온다, 이렇게 보시면 됩니다.

RTI 1.25, RTI 1.50이란?

1) RTI 1.25 의미(8억 건물, 월세 300만 원 받는 건물 RTI 1.25 대출금액)

계산식: 월세/월 이자

RTI 1.25			
월세		₩3,000,000	
대출 월 이자		₩2,400,000	
대출 가능 금액			
이자율	4.50%	대출금액	₩640,000,000
	4.60%		₩626,086,957
	4.70%		₩612,765,957
	4.80%		₩600,000,000
	4.90%		₩587,755,102
	5.00%		₩576,000,000
	5.10%		₩564,705,882
	5.20%		₩553,846,154
	5.30%		₩543,396,226
	5.40%		₩533,333,333
	5.50%		₩523,636,364

월세 300만 원 나오는 건물 담보대출 은행 월 이자 240만 원 초과하면 안 된다는 뜻입니다. 즉, 금리 5%라면 월세 300만 원 나오는 건물의 최대 대출

금액은 5.76억입니다. 금리 4.5%라면 월세 300만 원 나오는 건물의 최대 대출금액은 6.40억입니다.

그러나 실제 대출 가능 금액은 그보다 낮아질 수 있는데요. 월세 300만 원 나오는 건물은 보통 가격이 7.5억~8억 합니다. 8억이면 담보인정비율 계산하고 소액임차보증금 빼면 실제 대출은 5억 정도 가능합니다.

2) RTI 1.25 뜻(10억 건물, 월세 400만 원, RTI 1.25 대출 가능 금액)

계산식: 월세/월 이자

RTI 1.25			
건물 가격		10억	
월세		₩4,000,000	
대출 월 이자		₩3,200,000	
대출 가능 금액			
이자율	4.50%	대출금액	₩853,333,333
	4.60%		₩834,782,609
	4.70%		₩817,021,277
	4.80%		₩800,000,000
	4.90%		₩783,673,469
	5.00%		₩768,000,000
	5.10%		₩752,941,176
	5.20%		₩738,461,538
	5.30%		₩724,528,302
	5.40%		₩711,111,111
	5.50%		₩698,181,818

월세 400만 원 나오는 10억 건물, 담보대출 은행 월 이자 320만 원 초과하면 안 된다는 뜻입니다. 즉, 금리 5%라면 월세 400만 원 건물의 최대 대출금액은 7.68억입니다. 금리 4.5%라면 월세 400만 원 건물의 최대 대출금액은

8.53억입니다.

RTI 1.25 건물은 조심하셔야 할 것이 10억 상가건물 실제 대출 가능 금액은 보통 5억~6억 사이로 나옵니다. 담보인정비율이 60~65% 정도거든요. 그래서 RTI 1.25 대출 한도가 8억 근처라도 실제 담보인정비율상 5~6억밖에 대출을 못 받습니다. RTI 최대가 8억인데 실제 은행은 5~6억 정도밖에 대출은 못 내주니까요.

3) RTI 1.50 뜻(8억 건물, 월세 300만 원 받는 건물 RTI 1.50 대출금액)

계산식 : 월세/월 이자

RTI 1.50			
월세			₩3,000,000
대출 월 이자			₩2,000,000
대출 가능 금액			
이자율	4.50%	대출금액	₩533,333,333
	4.60%		₩521,739,130
	4.70%		₩510,638,298
	4.80%		₩500,000,000
	4.90%		₩489,795,918
	5.00%		₩480,000,000
	5.10%		₩470,588,235
	5.20%		₩461,538,462
	5.30%		₩452,830,189
	5.40%		₩444,444,444
	5.50%		₩436,363,636

월세 300 나오는 건물 담보대출 은행 월 이자 200만 원 초과하면 안 된

다는 뜻입니다. 즉, 금리 5%라면 월세 300만 원 나오는 건물 최대 대출금액은 4.8억입니다. 금리 4.5%라면 월세 300만 원 나오는 건물 최대 대출금액은 5.33억입니다.

4) RTI 1.50 뜻(10억 건물, 월세 400만 원, RTI 1.50 대출 가능 금액)

계산식 : 월세/월 이자

RTI 1.50			
월세			₩3,000,000
대출월이자			₩2,000,000
대출 가능 금액			
이자율	4.50%	대출금액	₩533,333,333
	4.60%		₩521,739,130
	4.70%		₩510,638,298
	4.80%		₩500,000,000
	4.90%		₩489,795,918
	5.00%		₩480,000,000
	5.10%		₩470,588,235
	5.20%		₩461,538,462
	5.30%		₩452,830,189
	5.40%		₩444,444,444
	5.50%		₩436,363,636

월세 400만 원 나오는 10억짜리 건물, 담보대출 은행 월 이자 267만 원 초과하면 안 된다는 뜻입니다. 즉, 금리 5%라면 월세 400만 원 건물의 최대 대출금액은 6.4억입니다. 금리 4.5%라면 월세 400만 원 건물의 최대 대출금액은 7.11억입니다.

그러나 10억 상가건물의 실제 대출 가능 금액은 보통 5억~6억 사이 나옵니다. 담보인정비율이 60~65% 정도거든요. 그래서 RTI 1.50 한도가 6.5억 근처라도 실제 은행에서는 담보인정비율상 5~6억밖에 대출을 못 받습니다. 따라서 1금융권에서 상가담보 대출받을 때는 낮은 금액을 적용하기에 은행에 문의하셔야 합니다.

로또 10억 당첨, 20억 상가건물주

: 20억 상가 매입해 인생 경제 농사 마감. 남는 것도 없다는 로또 10억, 근데 사실 남는 거 많아요.

"로또 실수령 10억 받으면 뭘 하나" 남는 것도 없는데 "그거 가지고는 직장 못 그만두지" 이런 얘기를 직장에서 많이들 합니다. 매주 일확천금을 꿈꾸며 로또를 꾸준히 사면서도 10억 당첨이라고 하면 "고작 10억", 이렇게 생각을 많이들 하십니다. 미국 파워볼처럼 최소 당첨금이 수백억부터 시작하는 것도 아니고 고작 당첨되면 서울에 괜찮은 집 하나 살 정도의 돈이니깐 말이죠. 10억으로 잘나가는 강남아파트 반 채 살 수 있는 돈이니 말 다 한 거죠. 참 그러고 보니 서울 부동산 가격 너무 높아 보이기만 하네요.

좀 눈높이를 낮춰 볼까요. 10억을 아주 보수적이고 안정적으로 시중은행에 정기예금해 넣고 이자를 받으면 2% 쳐서 1년에 2천만 원 받습니다. 1년에 고작 2천만 원이지만 이 정도라면 마트 가서 이리저리 재고 식재료 아끼려고 안 해도 일단 먹는 걱정은 없을 정도의 금액이죠.

10억으로 ㅇㅇ텔레콤 같은 고배당주를 산다면 현재 주가 23만 원 기준으로 4,300주 정도 매입이 가능하고 1년에 배당금 세전 4,300만 원을 받으니 배당소득세를 차감하면 3,600만 원 정도가 됩니다. 여기서 금융소득 종합과세가 걸린다고 해도. 3,000만 원 훌쩍 넘는 돈을 받게 되죠. 이 정도 돈 세후 실수령으로 매년 3,000만 원 이상이면 연봉 3천만 원 중반 직장인의 1년 실수령에 육박합니다. 가만히 앉아서 놀아도 누군가 열심히 일해서 번 돈 3,000만 원을 매년 나에게 갖다 주는 구조가 되는 거지요. 3,000만 원이면 맛있는 거 사 먹고 옷 사입고 집 관리비 정도 내고 하는 데 지장 없을 돈입니다.

하지만 이 돈도 사실 부족해 보이는 돈이죠. 그거 받는다고 회사 그만둘 수 없으니까요. 그럼 로또 1등 당첨금 고작 10억 원, 어떻게 굴릴까요?

한번 이렇게 해보시는 건 어떨까요. 집 근처 잘 아는 부동산 찾아가서 "사장님 나 현찰 10억 있어요. 어떻게 해야 되나요?"라고 물어보시면 부동산 사장님 화들짝, 깜짝 놀라 사무실 한쪽에 보관하고 있는 서류파일을 하나 꺼내서 보여주실 거예요. 이 서류는 평소 원룸월세나 전세, 아파트 매물만 찾던 서민들은 볼 수 없는 서류파일이에요. 그 서류파일 안에는 여러분 사시는 지역 10억~30억 정도 되는 주변의 통상가 건물 매물리스트가 들어있거든요.

이 중에서 부동산 사장님은 보나 마나 매매가 20억 정도 되는 상가건물을 보여줄 겁니다.

보통 지방에 20억이면 이 정도 사이즈 되는 건물입니다. 사진 속 건물은 실제 호가 16~17억 하는 상가 매물입니다. 전 층에서 다 월세 타 먹을 수 있는 상가건물입니다. 눈으로 보니 좀 생각이 달라지지 않나요. 주변에 마트나 프랜차이즈 같은 거 있는 지역 근린상가 3층~5층짜리 통상

▲ 17~18억 호가하는 지방의 실제 통상가 건물

가 건물이 보통 저 정도 크기면 20억 정도 하거든요. 보통 월세는 900만 원 ~1,000만 원 사이 나오죠. 로또 10억이 돼서 현찰 오래 들고 있으면 이리저리 본인도 쓰고 주변 사람한테 다 뜯어먹혀요. 저런 건물부터 잡고 보는 게 상책일 수 있죠.

그럼 로또 당첨금 10억 들고 어떻게 20억짜리 건물을 매입할 수 있을까? 나머지 10억 궁금하시죠. 뭐 상가 담보인정비율이 60~65% 정도 나오니까 그냥 매매가(감정가)의 절반 정도는 대출이 나오신다고 보시면 됩니다.

월세 950만 원 정도 나오는 통상가 건물 20억짜리라고 하면 은행에서 10억 정도는 대출 나옵니다. 상가 보증금은 합치면 보통 2억 정도 나와요. 그럼 보증금 2억 깔고 필요한 돈은 8억에 기타 수선하고 뭐하고 세금 내고 복비 내고 5% 정도 1억 추가하면 9억만 있으면 되는 거죠.

즉, 로또 당첨돼서 10억 들고 있다면 내 돈 9억으로 20억 건물을 잡을 수

매매가(감정가)	₩2,000,000,000	20억
담보대출	₩1,000,000,000	10억
보증금	₩200,000,000	2억
끌어올 수 있는 돈	₩1,200,000,000	12억
필요한 내돈	₩800,000,000	8억
세금+복비+수선	₩100,000,000	1억
필요한 총액	₩900,000,000	9억
합계	₩2,100,000,000	21억

▲ 20억 건물: 10억 대출, 보증금 2억, 내 돈 9억 필요

있다는 겁니다. 그래서 월세 타서 대출이자 갚구요. 나머지 1억은 예금이나 MMF 넣어놓고 상가세입자 들고 나갈 때 보증금 빼주시는 돈으로 융통하시거나 하시면 됩니다.

"10억 대출 너무 무리 아닌가…" "월세 못 타면 망하는 거 아닌가…"라고 생각하실 수도 있으신데요. 은행에서 저런 고가의 1개 통상가 건물 담보로 단건 10억 대출이면 진짜 초초초초초대박 VIP 고객 되시는 겁니다. 아주 큰 지점이라고 해도 단 건에 10억 이상 대출 낸 고객분들은 진짜 몇 명 없거든요.

10억 대출 고객은 은행 갈 때마다 번호표 뽑을 필요 없이 지점장실 소파에 앉아서 커피마시며 일볼 수 있는 사이가 됩니다. 정말이에요. 그리고 20억 건물에 10억 정도 대출을 받는다라고 하면 지점장, 대출팀장부터 나서서 담보대출금리를 최대한 낮게 해주려고 노력할 거예요. 금리 마음에 안 들어서 다른 은행으로 간다고 하면 은행 입장에선 큰 고객 놓쳐 큰일이거든요.

상가대출은 10년 동안 원금 갚을 필요도 없고 이자만 내면 유지되는 대출이구요. 10년 지나면 또 재대출로 10년 또 낼 수 있는 대출인지라, 사실상 단기에 원금 갚을 걱정은 안 하셔도 됩니다.

일반 아파트 대출금리가 4.5% 정도라고 하면 20억짜리 상가건물은 그보다 훨씬 더 싸게 대출금리를 받을 수 있어요. 그럼 월세타서 대출이자 갚고 6,000만 원 정도 남을 것이고. 대출금리 4%든 5%든 RTI를 계산해보면 2.00 넘어서 문재인 정부 규제에 아예 걸리지도 않는 안정적인 수준이 된다는 것이죠.

그럼 이제 또, "아이고 그거 관리는 어떻게 하고" "세금은 어떻게 하고", "상인들 임대차 놓는 거 쉬운 일도 아닌데" 이런 말씀들 많이들 합니다. 사실 쉬운 거 아니죠. 상가건물의 경우 세입자 가게주인 성향도 잘 봐야 하고 1층 상가 같은 경우 업종 잘못 세놓으면 피보거든요.

20억 건물 절반만 대출 내서 매입해 건물주되겠다는데 이것저것 걱정할 게 뭐가 있을까요. 그냥 내가 사는 지역, 내가 아는 동네, 내가 오래 살아온 동네, 내가 이 지역 개발이나 향후 전망이 좋거나 전망이 안정적인 좋은 지역을 알면, 그 지역 어디 건물을 골라서 사느냐, 이것만 신중하시면 그 이후 다른 걱정은 기우였다는 거 아시게 될 거예요.

건물 지분 20억 중 10억을 은행이 가지고 있다고 전혀 부담 가지실 필요 없어요. 은행이 정한 담보인정비율에도 부합해 안정적이며, 정부 규제 RTI도 부합해 안정적인 대출 규모입니다. 여유도 있고요.

로또 10억 당첨되면 당장 20억짜리 건물을 매입한 다음 생계 압박 없이 직장생활 5년~10년 정도 더 한다고 생각하면서 해마다 대출원금 조금씩 갚고 대출원금을 꾸준히 상환시켜 10억에서 5억 정도로 줄면 회사 때려치우고 건물주 노나니 노나니~ 하면서 소박하게 가끔 해외여행 다니며 살 수도 있겠네요.

20억 건물을 10억 대출로 매입해서 10년 지났더니 대출원금은 5억으로 줄어있고 건물 시세는 25억~30억이 되어있더라, 이렇게 대박 맞는 분들도 있습니다.

반대로 건물 시세가 18억으로 줄어있더라. 이런 운이 나쁜 경우도 더러는 있습니다. 상권이 뜨는 곳이냐 죽는 곳이냐는 정말 잘 고르셔야겠지요. 살고 계신 거주지역이면 잘 아실 거예요. 특히, 지역의 공공기관이 이전한다거나 역세권 이동이나 터미널을 옮긴다거나 이런 경우 상권 지고 뜨는 동네 잘 보고 고르셔야 하구요, 몇 년 전 전국에 혁신도시다 뭐다 해서 정부 부처 지방으로 이전된 그런 지역들에 잘못 투자하게 된다면 좀 어렵겠죠.

로또 10억 당첨되면 20억 상가 매입해 직장생활 부담 없이 인생 경제 농사 조기 마감…. 남는 것도 없다는 로또 10억, 근데 사실 따지고 보면 남는 거 많습니다.

PART 7

직장인·도시 생활 이야기

군대 같았던 지방 출장 생활

시골에서 공부를 좀 한다고 서울에 있는 대학교에 합격해 진학한 한 청년은 반지하 월세방과 고시원 생활을 하며 시골에 계신 부모님이 물심양면으로 지원해 준 덕분에 대학교 1~2학년 때 세상 다 가진 것처럼 잘 놀면서 공부하고, 군대 가기 전에는 휴학해서 많이 놀고, 제대하고 복학해서 졸업 후 앞날을 걱정하면서 공부도 하고 적당히 놀기도 하고, 그렇게 학점 잘 맞춰 졸업하면서 바로 신입사원으로 취직을 하게 됩니다.

처음 회사 합격 통보를 받고는 꿈만 같습니다. 세상을 다 가진 것 같고 이제 월급 타서 부모님 용돈도 드리고 예전에 사귀었던 애인보다 더 잘 갖춰진 품성과 스펙의, 집안이 좋은 배우자를 만나 결혼을 하게 되는 부푼 꿈도 꾸게 되지요.

난생처음 들어간 회사에서는 회사의 정체성과 가치관, 기업가치와 문화 같은 교육을 받으며 세뇌되어 회사에 충성을 다 바칠 것만 같고 꼭 20년 후에는 이 회사에서 임원이 되겠다는 당찬 포부로 회사생활을 시작합니다.

현실은 이제 시작입니다. 회사 근처에 부동산을 알아보고 난 후 그 가격에 절망합니다. 좀 살만한 오피스텔이나 원룸 하나 마음에 들면 1000/55,

1000/60을 부릅니다. 너무 비싸 고민이 됩니다. 비싸도 회사 가까운 오피스텔을 구할 것이냐, 아니면 출퇴근 삼십 분이나 한 시간 이상 걸려도 강북의 값싼 지역이나 남쪽 경기도 성남 북부 500/35 정도로 만족하고 살 것이냐 말이죠. 참, 사회초년생 월급 얼마나 된다고 시작부터 월세로 엄청나게 뜯기고 시작하는 기분이 듭니다. 그나마 모아놓은 돈이 있으면 다행인데 보증금 500만 원, 1,000만 원조차 없어서 일단 부모님께 빌려서 시작을 하게 되는 경우도 많습니다.

출퇴근 시간 및 교통비에 대한 기회비용으로 회사 근처 1000/60짜리 오피스텔을 구했다고 치고 한 달 지나서 관리비 받아보면 바로 뒤통수 띵, 하고 얻어맞습니다. 관리비가 10만 원~13만 원 이렇게 청구됩니다. 겨울에 가스 좀 때면 가스비 8~9만 원, 심하면 10만 원 넘게 청구됩니다. 퇴근하고 집에서 인터넷 안 할 수 있나요. 그럼 인터넷비 따로 내야 합니다.

이거 한 두어 달 살다 보면 매월 주거비로 깨 먹는 돈이 80만 원 이상 된다는 걸 깨닫게 됩니다. 잘나간다는 회사 들어가 월급 250만 원 받으면 주거비, 관리비로 까먹고 180만 원 남습니다. 교통비, 식비, 들어가죠. 주말에 밥 사 먹고 영화 보고 데이트해야죠. 그러다 보면 월급 받아도 반도 남기기 힘든 상황이 되어버립니다.

월 250만 원 받아 150만 원 저축해서 언제 서울에 전세를 구하고 집을 살지…. 그나마 월 250만 원씩이나 월급 많이 받고 시작하는 초년생은 나은 편입니다.

계속해서 매달 월급받아 주거비로 엄청난 비용을 지출하면서 집값 높은 사회에 대한 불만이 쌓이게 됩니다. 회사에서는 점점 중요한 일을 주면서 책임을 요구하고 야근을 요구하며 밤늦게 돌아와 새벽에 일어나 나가는 일은 반복하는데 주거비가 너무 아깝고 가끔 아파트 전세방이라도 알아보면 몇 억씩 하니 도대체 이 나라 부동산은 왜 이렇게 비싼지 집값 좀 안 오르고 폭락했으면 좋겠다는 생각을 하게 됩니다.

그래서 돌파구를 찾은 것이 도시의 인프라는 좋지만 너무나 많이 들어가는 주거비용을 타개하기 위해 도시 탈출을 결심하게 되었는데, 그것이 바로 남들이 가기 싫어하는 지방 출장이요, 아무도 가지 않으려고 하는 해외 오지 파견근무였습니다.

지방 장기 출장 근무를 자원하게 되면서 전국 안 다녀본 곳이 없습니다. 삶의 질은 떨어졌을지 몰라도 돈 하나는 확실히 모였습니다. 일단 회사에서 아파트를 구해서 살거든요. 30~40평대 몇 채씩 아파트를 구해서 살았습니다.

그래서 지방 출장 생활을 하면서부터는 방을 다 빼서 회사 아파트에 주민등록을 하고 거기에서 거주했습니다. 주말에 다들 서울 올라가면 혼자 지방에 있거나. 서울에 잠깐 왔다 가는 정도만 했죠.

▲ 지방 출장 생활 실제 거주하였던 제주도 아파트 모습

주거를 지방의 회사 아파트로 정하면서 도시 월세로부터 해방되었고 인터넷, 가스비 같은 모든 유틸리티 비용에서 해방이 되었습니다. 겨울에 회사 아파트에서 가스 빵빵 틀어 덥게 지내서 가스비 월 30만 원 나와도 누가 뭐라는 사람이 없습니다. 그렇게 주거비용으로 월 80만 원 이상을 그냥 줄여버리면서 회사생활을 하게 되었습니다.

더구나 지방 출장의 경우 월급 외에도 추가로 하루 2만 원 출장비가 따로 나왔습니다. 그럼 그 출장비 2만 원씩 5일 모아서 주말에 10만 원을 쓰고 들어오는 월급은 다 모으는 생활을 했습니다.

서울에 집을 구해 본사 근무를 했으면 월 150만 원 모으기도 벅찼을 텐데 출장을 하면서 그 2배 가까이 저축할 수 있게 되었습니다.

저축은 잘 되었지만 그 반대로 삶의 질은 지하실로 추락하게 되는데, 지방 아파트에서 합숙을 하게 되다 보니 아침에 일어나서 퇴근 후 24시간 내내 개인 생활이 거의 없었습니다. 아침에는 고참들 깨워야죠, 사업장까지 차 타고 출근 같이 하죠. 퇴근하면 고참들하고 같이 저녁 먹어야죠. 저녁 먹고 할 일이 없으니 고참들이 당구장을 가자, PC방을 가자 그러면 같이 놀아줘야죠.

칼퇴근을 해도 저녁 같이 먹고, 스타크래프트 좋아하는 고참들이 있으면 같이 PC방 가서 스타 5판 3승 때려주고 나면 밤 9시가 훌쩍 넘어가 버립니다. 당구 좋아하는 고참 있으면 같이 당구장으로 가서 2게임~3게임씩 하면 밤 9시가 넘어가 버리죠. 정말 이제 아파트에 가서 쉬고 싶은데, 당구 게임 끝난 기념으로 편의점 앞에서 맥주 한잔을 또 걸쳐야 됩니다. 그럼 밤 11시 되는 거죠. 이렇게 지방 출장 생활을 하면서 평일의 개인 생활 자체가 완전히 없어져 버리고 군대에 다시 온 것 같은 착각을 일으킬 정도로 정신적으로 고생하면서 회사생활을 했습니다.

퇴근 후 개인의 삶은 잃어버렸지만 잃는 것이 있으면 얻는 것도 있는 법이 있더라구요. 전 개인 생활을 버리고 사회초년생 때 돈을 선택하였습니다. 그 결과 신입사원 입사 후 단 2년 만에 5천만 원 이상을 저축하는 성과를 이루게 됩니다. 그것도 10년도 전에 말이죠.

사회초년생 시절 척박한 도시 생활

제가 회사에 취직을 하던 당시는 글로벌 금융위기 직전 상황으로 기업 경기가 상당히 좋을 때였습니다. 대기업들의 주가도 하루가 다르게 고점을 갱신하며 마구마구 오르던 시절이었죠. 환율 900원, 금리 6% 정도 되던 시절에도 수출 대기업들은 경기가 좋으니 물건이 잘 팔려 돈을 아주 잘 벌던 시기였습니다. 그런 상황이니 회사 인사팀에서도 신입사원에게 쓸 예산이 많았나 봅니다.

취직한 기념으로 꽃다발에 케이크를 보내주었고 특급호텔에서 부모님을 불러 대대적인 축하행사도 해주고 크루즈 여행을 가고 중국, 일본에 신입사원 연수를 가고 뭐 그러던 시절이었습니다. 갓 대학 졸업하고 또는 졸업식에 가기도 전인 대학생들에게 저렇게 큰 지원을 아낌없이 해주니 회사에 대한 충성심과 대기업 그룹 공채 출신이라는 자부심과 로열티가 엄청났었지요. 지금도 마음에 여유가 있을 때, 시간이 날 때면 가끔 그 시절 회사에서 신입사원 시절 잘해준 것들이 가끔 마음에 남아 생각이 많이 납니다. 신입사원 교육 시절로 다시 돌아가고 싶다는 생각도 들곤 합니다.

저는 신입사원 연수를 받던 시절 방을 못 구해 서울 강북에 있는 대학 동기 자취방에서 출퇴근을 하였습니다. 대학원생이었던 친구한테는 미안해서 한 달에 10만 원인가 20만 원인가 방세를 줬던 거로 기억하네요. 출근은 강북에서 버스를 타고 서울역으로 나와서 외곽버스로 환승을 해서 40분 정도를 또 가야 했습니다. 친구 집에서 새벽 6시에 나오면 회사에 도착하는 시간이 8시~8시 30분 정도였습니다. 신입사원 연수는 6시 칼퇴근을 시켜주지 않아서 저녁 8시가 좀 넘어야 집에 보내주더군요. 그럼 또 2시간 좀 넘게 걸려서 강북의 친구 집에 가는 거죠. 도착하면 밤 10시~11시, 씻고 잠자기 바쁘더군요. 다음날 또 새벽 6시에 나가야 하니깐요.

지금 생각하면 어떻게 저렇게 살았는지 모르겠습니다. 회사에서 주어진 직무와 책임이 없었고, 신입 교육 시절이라 배우기만 하면 되던 시절이었고, 20대 중반의 젊은 체력이어서 가능했던 것 같습니다. 저렇게 평일에 장거리 출퇴근을 하고도 주말이 되면 회사 신입 동기들과 엠티를 가고 스키장을 갔었으니까요. 지금은 체력이 안 돼서 꿈도 못 꿀 일입니다.

그렇게 신입사원 연수 3개월이 끝나고 본격적으로 부서배치를 받게 되었는데, 제가 발령받은 부서는 일이 너무 험하고 힘들어 팀장님이 신입사원을 아예 받지 않겠다는 부서였습니다. 신입사원 받아봐야 불평불만만 많고 힘들어서 못 버티고 이동하거나 나가버리니 아예 안 받겠다, 차라리 중소기업에서 빡세게 구르던 경력직을 채용해서 쓰는 게 낫다는 주의의 팀이었습니다. 그런 상황에서 회사에서는 인사정책상 신입사원을 배치한 거죠.

처음 부서배치 받고 참 힘들었습니다. 회사 조직 생활이 처음인 데다가 아무것도 몰랐고, 서울에서 좀 이름있는 대학교 졸업을 했다는 사실 때문에 가졌던 조그만 편견들도 있었고 사실 경력직 분들 입장에서 보았을 때 저는 갓 대학을 졸업해서 할 줄 아는 게 아무것도 없는데 월급만 많이 챙겨가는 공채 신입사원이었거든요. 외부에서 일하다 경력직으로 채용되어 들어온, 저보다 나이 몇 살 많은 대리급 분들은 정말 일 잘하는데 연봉 테이블 자체가 공채 사원보다 낮게 형성되어 있더군요. 근무 10년 차인데 공체신입이랑 연봉 차이가 거의 안 나거나 약간 많더라도 1~2년만 지나면 비슷하거나 오히려 공채사원이 더 많아질 수도 있는 구조, 그래서 보이지 않는 텃세가 많았습니다.

그래도 팀에 그룹 공채로 입사해 오래 근무하신 부장님들도 있었기에 공채 출신들과 경력직 출신이 조화를 이루어 좋은 실적을 내게 만드는 것이 팀의 목표, 조직의 목표이기 때문에 저도 인정을 받으려고 악착같이 뭘 해도 열심히 했던 시절이었습니다.

출근은 항상 8시 30분 이전에 했습니다. 다른 사람들은 40~45분쯤에 출근을 했죠. 임원들은 좀 다르더군요. 7시, 8시 이른 시간에 출근을 하더군요. 그래서 처음엔 빨리 출근하다 말겠지 생각하시길래 계속 8시 20~30분 출근을 하니 나중엔 그걸로 인정을 하더군요. 저놈은 일단 약아빠지지 않고 성실한 놈이라고 인정을 받은 거죠. 입사 1년 차 신입사원에게 성실하다 뭐 하나라도 인정받는 게 있다면 아주 좋은 거죠. 위에서 보았을 때 신입사원은 아무리 초절정 고스펙자가 들어와도 목 꺾어진 병아리로밖에 안 보이는 법이거든요.

조직에서는 공채사원이 조직에 적응하고 업무 능력을 확보하기까지 최소한의 시간을 줍니다. 보통의 경우 1년 정도죠. 신입사원의 경우는 평가대상에서 제외를 해주거나 평가를 해도 정성적인 측정은 평가될지 몰라도 정량적인 측정은 거의 예외처리 해놓는 편이죠.

첫해가 지나가는 12월 송년 회식 자리에서 팀장님이 저한테 그러시더군요. 지금까지는 성실하게 일해왔지만 회사에서는 성실하게 일하는 것만으로는 성공할 수 없다. 오히려 적당히 놀면서도 일 잘하는 직원을 회사에서는 좋아한다. 그리고 조직에서는 그 사람이 성장할 시간을 그렇게 많이 주지 않는다. 오래 기다려 주지 않는다. 적당한 시기에 적당한 자리에 적당한 능력을 잘 확보해 나가면서 본인의 영역을 넓혀가는 게 조직 생활이다.

첫 직장에서 한 조직에서 터를 잡고 회사생활을 좀 하다가 이직을 하게 되면 참 힘든 게 이런 부분인 것 같습니다. 그동안 쌓아온 사내 명성이나 사내 시스템과 문화에 맞춰진 조직 생활이 이직 후 틀어져 버려 이직 시 고생을 하는 분들이 많더라구요.

신입 교육을 마치고 부서배치를 받아서 출근하기 시작하니 이제는 강북 친구 집에서 출퇴근은 좀 무리가 있더라구요. 일주일에 2~3번 회식하기 일쑤였는데 퇴근하고 삼겹살에 술 한잔 걸치면 밤 10시~11시 심하면 새벽까지 술을 마시는 회식 문화였기에 도저히 출퇴근은 불가능한 상황이었습니다. 그래서 부랴부랴 부서배치받은 첫 주말에 방을 구하게 됩니다. 참 도시 방값 비싸더군요. 여기저기 알아보다가 결국 경기도 성남시 북부 경원대역 근처에 원룸을 하나 마련합니다. 관리비 없이 500/30짜리였죠. 그 방을 구해서 2개월 정도 살다가 지방 출장을 자원해서 방을 빼버리고 지방의 회사 아파트로 들어가 살게 됩니다.

그렇게 1년이 조금 넘게 지방 출장을 끝내고 다시 본사에 복귀해 근무를 하게 되었는데 다시 방을 구해야 하잖아요. 당장 회사에서 한두 달 후에 또 어디로 사업 수주를 해서 내보낼지 몰라 일단 급하게 고시텔을 잡아서 생활을 하게 됩니다. 회사에서 도보로 5분도 안 되는 거리에 고시텔을 구하니 월 42만 원을 달라고 하더군요.

'일단, 교통비 안 들고 회사에서 가깝고 주변 인프라가 좋고 하니 한 달만 버텨보다가 또 다른 사업 수주하면 지방 출장 보내면 거기 가면 되지'라고 생각해서 한 달을 거주하게 됩니다. 짐은 승용차 안에 다 때려 넣고 몸만 들어가 고시텔 생활을 했습니다.

학생 때 고시원 생활을 해봐서 잘 생활할 수 있다고 생각했는데, 회사원이 되어서 고시원 생활을 하니 참 못 해 먹겠더라고요. 과음을 하면 회식을 하고 집에 와서 변기에 토하고 이래야 하는데 뭐 방음도 잘 안 되는 상황이었고. 아무튼 그렇게 고시텔 생활을 한 달 하다 보니 회사에서 수주가 잘 안 돼서 본사 근무를 장기적으로 하게 되는 상황으로 흘러가게 되었죠.

그래서 회사에서 제안서 작성 업무를 하면서 눌러앉게 되어서 1년 이상 살 방을 구하게 되었죠. 주변에서 어차피 지방파견을 다녀도 주말에 서울에 와있어야 하니 돈을 들이거나 대출을 내서 전세를 구하라고 하더군요. 그런데 당시엔 워낙 흙수저고 돈을 모아야겠다는 생각이 강해 신입사원 시절처럼 원룸에서 적당히 버티다가 또 지방 발령 나면 방 빼서 회사 아파트에서 살아야겠다고 생각을 합니다.

그렇게 해서 구한 게 경기도 성남의 한 오피스텔이었습니다. 분당 쪽은 워낙 비싸 엄두를 못 냈고 북쪽 성남에 오피스텔을 구했죠. 당시 월급으로는 1000/45 비싼 금액이었지만 그나마 살만하면서도 싼 매물을 구한 겁니다. 분당의 경우는 1000/60 정도 받았으니까요. '몇 달 살다가 빨리 지방 출장 나가야겠다' 이런 생각이 강했던 것 같습니다.

그렇게 2년 차에 방을 구해서 다시 살기 시작하는데 지방 출장을 다니면서 회사 아파트에 살다가 다시 도시에 제 방을 구하니 주거비가 또 만만치 않더라구요. 매월 나가는 월세가 아깝고 또 관리비도 7만 원씩 받았거든요. 그럼 관리비 내고 인터넷비 내고 겨울에 가스비 내고 하니 한 달에 70만 원 정도는 원룸 하나 유지하는 데 쓰게 되더라구요.

퇴근할 때 저녁을 사 먹지 않고 마트에 들러 바나나, 우유, 3분 카레 같은 걸 사다가 간단하게 집에서 밥을 해먹고 자전거를 몰고 나와 자전거를 타고 취미도 철저하게 돈이 안 들어가는 것 위주로 했습니다.

당시 금융위기로 전체 연봉이 동결되는 바람에 2년 차에도 똑같이 월급을 250만 원 정도 받았는데 월세하고 관리비, 집 유지하는 데 70만 원을 깨 먹으니 참 이 집세가 아깝더라구요. 나중에야 알았지만 처음부터 버팀목전세대출이나 이런 걸 끼고 전세방을 구해놨으면 매달 나가는 월세를 획기적으로 절감할 수 있었을 텐데, 뭐 그땐 누구도 주변에서 그런 말을 해주지 않았으니 지금 생각해도 연봉이 오르기 전에 버팀목전세대출을 안 받아 놓은 그 시절이 좀 안타깝긴 합니다.

이렇게 본사에서 수주사업 제안서 쓰는 일을 하게 되면서 서울-경기도-지방 할 것 없이 제안서를 작성해 주러 단기적으로 방방곡곡 출장을 다니게 됩니다. 과천정부청사를 자주 드나들다 보니 성남에서 과천으로 넘어가는 길에 직장동료들과 같이 청계산, 백운호수 주변 맛집도 자주 드나들며 땡땡이도 치게 되었고 경기도 일대와 과천, 평촌 등 맛집도 많이 다니게 되었죠. 회사생활을 하면서 출장이 많은 일이다 보니 돈도 벌고 여기저기 다니면서 견문도 많이 넓어지게 되더라구요.

회사에서 8개월 먹고 잔 이야기

: 이 악물고 8개월 버티며 살아봤다. 세상에 이런 일이…

프로젝트가 끝나면 본사에서 제안서를 쓰고, 제안서 수주가 되면 다시 프로젝트를 나가고 이게 계속 반복이 되다 보니, 혼자 살면서 전세든, 월세든 온전히 2년 계약을 하고 집을 유지하는 것이 아깝다는 생각이 들더군요. 그래서 1년간 지방 프로젝트를 완공하고 본사에 와서 제안서를 작성할 동안 집을 따로 구하지 않고 '그래, 한번 회사 사옥에서 먹고 자보자'라고 생각을 했습니다.

그렇게 생각을 하게 된 이유는 회사 사옥 내 샤워실과 수면실이 완비되어 있었고, 회사 바로 건너편 건물에 프랜차이즈 세탁소를 운영하고 있었고, 회사 구내식당에서 아침-점심-저녁을 운영하고 있었기 때문에, 회사 사옥에서 장기 체류가 가능하다고 생각을 하게 되었습니다.

그래서 일단 지방에서 사업을 준공 완료하고 같이 일했던 감독관 공무원들과 송별 회식을 하고 작별 인사하고 서울 본사로 올라오면서 버릴 건 다 버리고, 옷가지만 챙겨서 올라왔습니다. 그리고 차는 회사 지하주차장에 장기 주차를 해뒀구요.

셔츠 7벌, 바지 5벌을 세탁소에 다 맡겼습니다. 셔츠는 장당 990원에 가능했고, 바지는 좀 비쌌죠. 2,500원이었습니다. 한 달 20일이니 셔츠 세탁비 2만 원에 바지 세탁비 3만 원 해서 세탁비는 5만 원이 고정적으로 지출이 되더군요. 깔끔하게 다려서 나오니 편하더라구요.

잠은 회사 수면실에서 잔 다음 아침에 일어나 엘리베이터를 타고 회사 샤워실 층으로 이동해 샤워를 하구요. 락커에서 옷을 갈아입고 구내식당에서 김밥이나 샌드위치를 2,000원 주고 사 먹고 바로 사옥 제안실로 출근을 했습니다.

집도 없이 회사에서 먹고 사는 기상천외한 삶을 살았는데, 막상 저는 이게 꿀이었습니다. 당시 흙수저라 악착같이 돈 모으던 시절이었거든요. 회사에서 먹고 자니 월세 바로 아껴버리죠, 왕복 교통비 지하철비 아끼죠, 출퇴근 시간 왕복 잡으면 1시간은 걸리니 하루 중 1시간 바로 아끼죠, 정말 순수하게 들어가는 돈은 한 달에 세탁비 5만 원, 휴대폰비 5만 원, 그리고 식비가 전부였습니다.

수면실 이불과 베게는 매일같이 회사에서 갈아주었습니다. 수주사업을 하는 업종이다보니 야근을 많이 하는 일의 특성상 사옥에서는 수면실을 크게 운영을 했거든요. 간혹 술주정뱅이들, 코 고는 직원들이 난입해서 숙면을 방해하기도 했지만. 대체로 공기청정기 있고, 습도 온도 다 맞춰져 있는 회사 사옥 수면실은 숙면에 지장이 없었죠. 프라이버시만 없었을 뿐이었구요.

회사 샤워실에는 항상 따뜻한 물이 빵빵 잘 나왔고 드라이기, 샴푸, 비누, 스킨로션까지 완비되어 있었습니다. 출근복은 세탁소에서 다 빨아줬죠. 그러니 주말에 속옷빨래만 해오면 되는 것이었습니다.

오전에는 9시 출근이었으므로 8시 30분까지 자다가 일어나 씻고 출근해도 시간 맞추는 데 아무 문제가 없더군요.

처음에 회사에서 먹고 사는 거 한 달만 해보자, 그럼 또 사업 수주해서 어딘가로 가게 되겠지, 그럼 다시 회사에서 구한 아파트에 살면 되겠지 생각을 했는데 웬걸 계속해서 수주에 실패하는 겁니다.

한 달 두 달 지나고 수주가 계속 실패하니, 회사에서 한 몇 개월 다른 일을 하다가 오라더군요. 마냥 제안서만 쓰고 대기하려니 팀에서 인건비 부담이 컸나 봅니다. 그래서 유휴 인력 자원은 다른 부서 필요한 일을 시키게 했죠. 그렇게 회사 TFT(태스크포스)팀에 조인되면서 뜻하지 않게 본사 장기 체류가 시작되었습니다. TFT일 끝나기까지 총 8개월을 회사 사옥에서 먹고 자게 되었죠.

회사에서 퇴근 시간 6시 30분 정도 넘어가면 직원들은 업무를 정리하고 퇴근을 시작하였습니다. 큰 회사 사옥에서 수백 명이 퇴근하려고 우르르 빠져나가는 모습이 참 장관이더군요. 저는 같이 일하는 팀원들 퇴근할 때 잘 가시라 내일 봅시다 하고 직원들 집에 보내고는 회사에 그대로 앉아서 인터넷하고 음악을 듣고 그랬습니다. 회사가 제 집이었으니까요.

사람들 다 퇴근한 빈 사옥에 앉아서 바깥 창밖 경치 보면서 인터넷하고 음악 듣고 커피 마시고 그렇게 운치 즐기다가 저녁 8시쯤 되면 사옥 밖으로 저녁 먹으러 나갔습니다.

큰 회사 사옥 근처라 인프라가 매우 뛰어났습니다. 주변에 맛집도 많았고, 깔끔한 카페와 레스토랑이 즐비했고, 쉽게 한 끼 때울 수 있는 프랜차이즈

식당도 많았습니다.

그래서 하루는 ○○○ 들어가서 △△△로 저녁을 때우고, 다음날은 □□□ 들어가서 ☆☆버거나 ◇◇버거 세트로 저녁을 때우고, 다음날은 유기농 김밥집에 들어가서 김밥으로 저녁을 때우고 일주일에 한두 번은 회식이니까. 회식하면 내 돈 안 들이고 상사가 긁어주는 법인카드로 삼겹살, 감자탕, 순댓국 이런 거로 한 끼 때우고 그랬습니다. 그러니 돈을 참 아끼고 모았습니다.

그때 당시 가계부를 열어보니 8개월 동안 월평균 300만 원 가까이 저축을 했더군요. 그게 벌써 6년 전이었으니까. 참 대단한 저축속도였던 것 같습니다.

▲ 치킨시켜먹고 야근하던 당시 회사 제안실 풍경

회식이 있는 날은 밤 11시~12시, 때로는 새벽 1~2시까지도 사옥 근처에서 회식을 하는 문화가 많은 조직이었습니다. 1차로 삼겹살이나 치킨을 먹구요. 2차는 간단하게 맥주를 마시고, 3차는 노래방을 가든지 했고, 4차 마무리로 사케집에서 사케 한잔하고 끝나는… 그런 문화였죠.

새벽까지 회식하고 고참들이 집에 가라고 택시비 2만 원 주면 저는 택시비 감사합니다, 받아서 상사들 택시 태워 보내고 바로 다시 사옥 수면실로 들어가 잠을 잤습니다. 그럼 그날은 택시비 2만 원 번 거죠. "저는 회사에서 먹고 자니까 택시비 필요 없습니다"라고 말해도 택시비 주시더군요. 습관이 었는지 모르겠습니다만 아무튼 집도 절도 중도 없이 맨몸으로 8개월을 회사에서 먹고 자면서 버텼는데 사실 그렇게 살다 보니 사옥에 사는 장점도 많이 있었다는 이야기였습니다.

밤 9시~10시 적막한 사옥의 고층에 올라가 도시의 야경을 바라보며 고층 아파트들을 바라보며 "나도 저렇게 높고 좋은 집 가지고 싶다"라는 생각과 상념에 잠기기도 많이 했습니다. "나는 왜 흙수저로 태어나 1년 벌어 아파트 한 평 살 돈 모으기도 힘들까" "나는 언제 집을 마련할 수 있을까" 이런 생각들 많이 했던 것 같습니다. 보이지 않으면 생각이 없을 텐데, 사옥에 살면서 주변 비싼 아파트 야경을 혼자 많이 봐서 유독 그런 생각을 많이 했었던 것 같습니다.

▲ 밤늦은 시간 회사 사옥에서 아파트 스카이라인을 바라보면 참 운치가 있더랍니다

당시에 돈은 어떻게 모았냐 하면… 회사 사옥에 들어가기 전에 이미 모아 놓은 돈이 1억이 좀 넘었습니다. 지방 출장을 많이 다녀서요. 당시 금리가 3년 정기예금을 넣으면 4%가 약간 넘는 정도였습니다. 세후 3.65%라고 치면 1년에 이자로 365만 원이 나오는 거였죠. 그래서 날짜를 다르게 해서 천만 원씩 나눠서 월이자지급식 예금을 넣어놓고 매달 나오는 이자 하루 만 원으로 한 달을 버티고 나오는 월급은 거의 다 저축하는 그런 방식으로 저축을 했습니다. 5천만 원이면 하루이자 5천 원, 1억이면 하루이자 1만 원 나오던 시절이었거든요. 회사 사옥에서 살면서 한 달 30만 원이면 세탁하고, 밥 사 먹고 휴대폰비 내는데 저한테는 충분한 돈이었습니다. 그리고 월급은 부모님 드리는 용돈 빼면 거의 싹 다 저축으로 쓸어 담은 거죠. 이때는 워낙 회사생활이 야근 많고 힘들어서 주식투자는 하지 않았습니다. 뭐 기업을 분석하고 이런 것보다 회사생활 열심히 해서 자기계발에 연봉 올리고 저축 많이 하는 게 더 낫다. 그렇게 생각했던 시절이었습니다.

여튼 회사가 발주-제안-수주사업 일을 하다 보니 사회초년생 시절부터 어디로 파견을 보낼지 몰라 주거의 안정성이 없었고 계속해서 언제 지방 출장 갈지 모르는 상황이 전화위복이 되어 회사 사옥에 들어가 먹고 자는 전략을 선택한 결과 젊은 나이에 많은 프라이버시와 개인 생활들을 일정 부분 희생하고 빠른 속도로 초년생 시절 씨드머니 목돈을 모을 수 있었고 당시엔 몰랐으나, 나중에 그 씨드머니가 가속도 붙어 잘 불어나는 부의 효과를 가져오더군요. 재테크할 때는 콩을 여러 번 굴리는 것보다 수박을 반 바퀴나 한 바퀴 굴리는 게 낫다고 하잖아요.

이렇게 마무리하게 되네요. 이제부터는 토종 한국파 직장인이 장기 해외 파견을 어떻게 나가게 되었는지 그 계기와 과정을 써볼까 합니다.

PART 8

해외파견 이야기

ARABIAN CULTURE
RAMADAN
ARABIAN HOSPITALITY
ARABIAN CLOTHES

해외에서 넓어지는 시야

젊은 직장인이라면 누구나 장기간의 해외파견을 로망으로 생각합니다. 일단 틀에 박힌 이 한국을 떠나고 싶은 심리, 평소에 꿈꾸던 한국보다는 자유로운 이방인의 생활을 누리며 월급도 많이 받고 출장비도 받고, 새로운 외국 문화도 경험해 보는 등 모든 요소가 젊은 직장인들에게 유혹적이긴 합니다.

필자도 대기업에 근무하면서 장기간 해외파견 근무를 나가본 적이 있습니다. 그 경험을 살려 해외 나가서 근무하면 좋은 점과, 나쁜 점, 힘든 점을 두서없이 써보기로 하겠습니다.

해외파견의 자격이 출중해서 나갔던 것이 아닙니다. 공채로 입사해 경력은 꽤 되었던 상태고 누구나 그렇듯 공채출신 메리트에 무슨 일을 시켜도 주는 대로 잘 받아서 처리하고 성격도 나쁘지 않으니 회사 내 명성이 좀 쌓였던 상태였습니다. 그런데 리먼 브러더스 발 글로벌 금융위기를 겪으면서 국내 사업 수주가 안 되고 회사 매출이 줄어들자 회사에서 해외사업에 드라이브를 걸기 시작했습니다. 전 국내사업부서에 있었는데 같이 일했던 부장, 차장님들이 어느 날 갑자기 해외사업에 조인이 되기 시작하더라구요.

그러던 중 “이번에 어느 나라에 큰 프로젝트를 수주했다. 팀원 6명을 모아야 하는데 3명밖에 안 모였다. 해외파견 가서 일할 사람?" 이러면서 팀 내에 그리고 사내 메일로 공모도 하고 그랬었는데 웬걸, 해외파견이라곤 경험이 없는 직원들이 많다 보니 오지 국가라 일단 기피하고 보는 것이었습니다. 그렇다고 마냥 영어만 잘하는 경험 없는 신입사원을 데리고 나갈 수도 없는 상황이었고요.

그런데 우연히 회사 사옥 엘리베이터 안에서 해당 오지 국가 프로젝트 대장 리더 부장님을 마주치게 되었습니다. 서로 같이 일은 해본 적은 없는 사이였고 얼굴만 아는, 그저 그런 사이 정도? 그런데 엘리베이터에 타서 30초도 안 되는 그 짧은 사이에 "부장님 제가 그 프로젝트에 지원해서 해외에 한번 나가서 일해 보고 싶습니다"라고 부장님께 덜컥 말해버린 것입니다.

저도 그땐 왜 그렇게 저돌적으로 부장님께, 엘리베이터 안에서 우연히 마주친 부장님께 독대로 해외에 나가고 싶다고 한 줄 모르겠습니다. 너무 절실해서 그렇게 말했던 것이 아닌가 싶기도 하구요. 아마 부장님 입장에선 이 아이가 신기하기도 하고 얘는 누군가 궁금하기도 했나 봅니다.

그래서 저랑 같이 일했던 고참 직원들한테 두루두루 저에 대해 물어보니 지방에서 프로젝트를 끝내고 올라와 회사 사옥에서 먹고 자며 지내고 있는 기묘한 젊은 직원이며, 업무 처리면이나 성격면에서 하자가 없다는 걸 알고 바로 그 날로 간택되어 다음 날 해외파견부서로 발령이 나게 됩니다.

그 뒤로 부랴부랴 8개월간 살아왔던 회사 사옥 생활을 정리하고, 한국생활을 정리하고 해외파견 준비를 시작하였는데 회사에서 해당 국가 진입이 처음이라 이렇다 할 지원을 많이 못 받고 팀원 6명이서 맨땅에 헤딩하듯 모든 걸 준비해야 했습니다.

파견 나가서 숙소는 어떻게 할 것인지, 밥은 어떻게 해결할 것인지 현지 도착해서 사무실은 어떻게 구하고 어떻게 꾸며야 하는지, 렌터카는 어떻게 해야 할 것인지 현지인은 몇 명 채용하고 채용은 어떻게 해야 하는지, 현지인 월급은 얼마나 주어야 하는지, 현지 나가서 쓸 돈 현금은 어떻게 들고 나가야 되는지, 다달이 쓸 돈은 한국에서 어떻게 송금받을 것인지 등등 아주 원초적인 문제부터 하나하나 발목을 잡는 것이었습니다.

해외에 법인을 만들면 법인세가 나오니 법인을 만들 수도 없는 일이고 그렇다고 나갈 때 필요한 돈을 현금으로 바꿔 나갈 수도 없는 일이고 이런 단순 외환관리 문제부터 사소하게 걸리는 골칫거리가 한두 개가 아닌 상황이었습니다.

현지국 정착에 대한 기본적인 준비도 없이 발주처와 계약한 사업 착수 일정에 쫓겨 부랴부랴 출국하게 되고 현지 이슬람 문화에 맞춰 장·차관 현지 언론을 모두 모아서 호텔에서 계약행사 Signing Ceremony 준비를 하였는데. 지금 생각하면 그 짧은 시간에 어떻게 준비하고 어떻게 지나갔는지 모를 정도로 정신없는 하루하루였습니다.

그럼 이제부터 해외파견 나가면 장단점 얘기를 본격적으로 해보겠습니다.

파견 2달 정도가 지나니 어느 정도 숙소, 사무실이 자리가 잡히고 식사도 자리가 잡히니 각자 개인적인 취미를 갖기 시작했고. 평일 퇴근 이후는 합숙생활을 하니 그저 술이요, 화투요, 카드놀이요. 빔프로젝터 켜놓고 영화를 보거나 하다가 자고 젊은 직원들은 현지 파견된 비슷한 또래의 타 회사 직원들을 만나거나, 현지 파견된 젊은 대사관 직원들을 만나거나, 코이카 봉사단원들을 만나거나 해서 젊은이들만의 인맥을 쌓게 됩니다.

아무래도 해외 현지에 젊은 한국 사람이 많지 않으니 향수병이나 그리움 때문에라도 찾아서 어떻게든 만나게 되더라구요. 이러면서 인맥의 저변이 넓어지는 걸 느끼게 됩니다.

평소에 한국에서는 만나기 힘들었던 다른 업종의 사람들, 다른 회사에 일하는 직원들과 한국인이라는 그 동질성 하나로 무람없이 만나서 대화할 거리가 생기고, 대사관에 일하는 젊은 직원들과도 친해질 수 있으며, 외국인 프리미엄을 얹고 현지 국제클럽 같은 곳에 들어가 다양한 목적으로 현지에 파견 나와있는 외국인들과 친해질 기회도 생깁니다.

사업이 잘 진행되면 발주처의 젊은 공무원들과도 결국은 친해집니다. 주말에 직장 상사분들은 골프치느라 바쁩니다. 단돈 5만 원이면 캐디 포함 18홀 골프를 칠 수 있으니 이 얼마나 싼가 말입니다. 그래서 저도 젊은 나이었지만 골프를 손쉽게 배울 수 있었고 골프를 나가지 않는 날은 가방에 생수 한 통 넣고 현지 시장이나 골목골목을 이곳저곳 누비고 다녔습니다. 그냥 큰일이 없는 주말의 경우는 해외 자유여행 간 거나 다를 바 없다고 생각이 될 정도였습니다. 직장 상사들은 필드에 나가 골프 치느라 종일 바빠 후임은 안중에도 없으니 자유로웠지 말입니다.

현지 동네 여기저기 다니면서 이리 치이고 저리 치여보면서 자연스럽게 하루하루 현지어가 늘게 되더라구요. 시장에 가서 과일이라도 사서 가격을 흥정하지 못하면 바가지를 쓰게 됩니다. 내가 100원에 샀다고 자랑하면 현지 한인 아주머니는 "에휴 멍청이 그거 원래 50원인데" 합니다. 이런 뒤통수를 많이 맞아봐서, 또 일을 하면서 일을 맡긴 현지인 직원이 가짜 영수증을 써가면서 돈을 야금야금 잘 해 먹는 걸 봐와서 현지어를 못하면 눈뜨고 코 베이는 게 이런 거구나 생각이 들더군요.

그때부터 시작한 게 영어가 아닌 현지어였습니다. 숫자부터 기초적인 회화들. “이거 얼마예요?” “깎아주세요” 등등 기초적인 현지어부터 학습하고 또 시장에 나가서 시험해보고 그렇게 반복하다 보면 현지어가 금방금방 느는 걸 알 수 있었습니다. 그렇게 제2 언어가 느는 걸 보면서 백날 한국에서 10년 영어 주입교육 해봐야 허당이란 걸 깨닫게 됩니다. 어릴 때 돈 많은 부모 밑에서 방학마다 미국, 캐나다 홈스테이 떠났던 어릴 적 친구들이 그제야 부럽다는 생각이 들기도 했습니다.

폭발적으로 늘어나는 경제적 이익

앞에서는 해외파견을 가게 된 동기와 상황과 해외 현지에서의 외국인 인맥뿐 아닌 한국 기업 및 대사관, KOICA, 현지교민 및 국제클럽 인맥을 쌓게 되면서 늘게 되는 현지어 구사 능력 등 정량적이지 않은 장점을 다루었다면 이제부터는 본격적으로 젊은 직장인들이 가장 중요시하는, 해외파견 시 취할 수 있는 경제적 이득을 다루어 보겠습니다.

흔히들 하는 말이 있습니다. “해외파견 나갔다 오면 외제 차를 산다더라” “연봉의 2배, 3배를 모아 온다더라”

뭐 딱히 틀린 말이 아닙니다. 출장비, 파견비, 실비 기준은 회사마다 천차만별이고 또 진출해 있는 업종에 따라 차이가 있습니다만 대동소이하지요. 예를 들어 2008년 금융위기 이전 해외파견은 경기가 호황인 상태에서 수주를 통해 원가부담이 없어 출장비 같은 경비 부분도 회사에서 지출할 여력이 많았습니다. 좋은 가격으로 수주를 해서 뭘 해도 돈이 많이 남았으니까요.

그런데 금융위기 이후 일감이 없으니 낮은 단가로 입찰에 들어가 수주를 하다 보니 비용 절감을 위해 모든 걸 쥐어짜야 하는 상황이 왔습니다. 모두가 원가 절감이니 연봉 동결이니 하던 시절이었죠.

신규 수주가 끊기면서 매출이 줄고 수주 가격이 낮아지니 회사들도 결국 해외 출장비 부분을 건드리기 시작했습니다. 전 세계적 금융위기라는 삭감의 큰 대의명분이 있었으니까요. 어쨌거나 회사 자체도 영업을 해서 돈을 벌고 수주를 해서 조금이라도 남아야 유지가 되는 조직이기 때문에 당연한 것이기도 했습니다.

회사나 업종마다 다르지만 해외파견을 나갔을 경우 경제적 이득은 크게 아래와 같이 구성됩니다.

1) 해외파견수당
2) 국가별 차등 오지수당
3) 해외숙박비
4) 건강보험료 면제로 월급 실수령액 증가
5) 연말정산 해외거주자 공제
6) 기타 낙전

크게 파견일비나, 오지수당, 숙박비 이렇게 크게 3가지라고 보시면 됩니다. 하나하나 설명을 드려보도록 하겠습니다.

해외파견수당

가장 중요한 부분이죠. 외국에 나가서 일하면 하루에 얼마를 추가로 받느냐인데, 파견일비가 가장 중요합니다. 경기가 좋을 때는 하루 100달러 이상 되었는데 현재는 부장급 90달러, 과장급 80달러, 대리급 70달러 정도 됩니다.

정확하게 90~70달러 영역에 있다고 말씀을 드리는 것이 아니고. 아마 대한민국 전체 기업들의 평균치가 저 정도 수준이라고 보시면 됩니다. 건설 분야는 저것보다 조금 높고, IT나 네트워크 시공 같은 해외 진출 업체는 조금 낮게 나옵니다.

대리급 파견일비 70달러 기준으로 설명을 드리면 이것도 회사마다 다르겠지만. 저희 같은 경우, 일비를 주 단위로 수령하였습니다.

회사 HR 시스템에 매주 월-화-수-목-금-토-일 7일 달력으로 찍은 다음 평균 환율을 입력하면 70달러×7일=490달러×환율 1,100원=539,000원 이렇게 클릭해서 결재 올리면 팀장-회계팀 형식적인 전자결제를 거치기는 하지만 클릭하면 바로 당일 날 출장비가 입금처리 되었습니다. 그렇게 매주 파견비를 받는 것입니다.

그리고 파견비는 체류비 성격을 띄기 때문에 주말에도 나옵니다. 자고 일어나서 눈 뜨면 70달러 버는 거죠. 받아보면 꿀이긴 하더랍니다.

그렇게 4주 해외파견비를 주 단위로 찍으면 월 단위로는

대리급이면 2,156,000원

과장급이면 2,464,000원

부장급이면 2,772,000원 정도가 됩니다.

오지수당은 저 금액에서 상대적으로 더 위험하다고 생각되면 국가별로 차등해서 가중치로 5% 추가, 3% 추가 이런 식이 됩니다. 나라별로 5달러니, 7달러니, 10달러니 일비에서 추가되는 방식을 사용하는 회사도 있습니다. 간단하죠?

자 어떤가요? 생각보다 많다고 생각되나요? 적다고 생각되나요? 이 부분은 개인마다 차이가 있습니다.

대개 대리 이하 젊고 결혼 안 한 직장인이면 저 금액이 상당히 많다고 생각하고 회사생활 오래 한 차·부장급 이상 분들은 결혼하고 가족도 한국에 있고, 덥고 습하고 먼지 많은 해외 나가서 저 돈 받으며 고생할 바엔 그냥 해외 안 나가는 걸 오히려 선호할 수도 있습니다. 이미 가정이 자리도 잡혔고 집도 있고 연봉도 1억이 훌쩍 넘는데 굳이 270만 원 더 받겠다고 나갈까요.

나갈 수도 있고 안 나갈 수도 있습니다. 선택의 문제입니다. 하지만 직장에서 꼰대들도 싫고 한국에서 비싼 원룸 월세 살면서 월급 쥐꼬리만큼 받아서 집세 내고 뭐하면 남는 돈 쥐뿔도 없는 젊은 직장인에겐 저 정도 해외파견 금액은 큰 매력으로 다가옵니다.

월급이 300만 원, 서울이나 경기도권에서 근무하는 대리급인 경우

해외파견 나가기 전 : 월급 300만 원-월세 40만 원-관리비 10만 원-교통비 등 10만 원-저녁 식대 20만 원=220만 원으로 생활할 수 있다면

해외파견 나간 후 : 월급 300만 원+건강보험료 10만 원+파견일비 220만 원+교통비 0원+저녁 식대 0원=530만 원을 이론상 그대로 다 저축 가능하게 됩니다.

파견 전 회사에서 건강보험공단에 신고해 놓으면 해외 나가있는 동안은 건강보험료를 납부하지 않습니다. 이것도 완전 꿀이죠. 그만큼 월급이 늘어납니다. 받아보면 '아 그동안 건강보험료 참 많이 냈구나' 하는 생각이 절로 듭니다.

한국에 있을 때 먹고 자고 출퇴근만 하는 아주 기초적인 삶을 살고 220만

원 남기는 데 반해 해외는 나가는 즉시, 그 금액이 530만 원으로 늘어납니다.

한국에 있으면 남는 220만 원으로 회사에서 동료직원들 커피도 가끔 사줘야죠. 주말에 어디 나가서 영화도 보고 쇼핑도 해야죠. 친구들이랑 만나서 술도 마시고 해야죠. 사실 월급 300 받아서 집세 관리비 내고 생활비 차감하면 150만 원 저축하기도 힘듭니다.

해외 나가면 아침-점심-저녁 모두 회사에서 밥 해결해 주죠. 주말에 단돈 5만 원으로 종일 골프 칠 수 있죠. 주말에도 하루 세끼 회사에서 다 해결해 주죠. 휴대폰은 어차피 현지 USIM으로 사용하니 국내 휴대폰은 11,000원짜리 기본요금만 나가죠. 그러니 530만 원 받으면 500만 원 이상 그냥 그대로 저축이 됩니다.

정말 한국에서 쥐꼬리만한 월급받고 전전긍긍하면서 살다가 저렇게 해외 나가서 파견비 받아 다달이 통장 잔고가 500~600씩 늘어나는 것 보면 세상 부러울 게 없더라구요. 정말 저 당시에는 정신없이 저축을 했던 것 같습니다.

1년 기준으로 보면 500×12개월 = 6,000만 원에 1월~2월 연차보상비, 연말정산, 상여금 등 포함해서 1,500~2,000만 원 정도.

연말정산의 경우 해외거주자 공제로 1,200만 원인가 입력하게 되어있었습니다. 이 공제로 돌려받는 소득이 또 늘어나죠. 어마어마하죠. 소득공제에서 -1,200만 원 추가, 이걸로 연말정산 하면 100만 원 이상 추가소득이 발생합니다. 이렇게 추가하면 1년에 8,000만 원, 그 이상도 거뜬히 저축이 가능합니다.

뭐 아무것도 안 쓰고 저축하면 뭘 하냐고 반문하실지도 모르겠는데 저건 이론상 가능한 저축액이고 실제로 휴가 나가서 돈을 많이들 씁니다.

중동이면 비행기 타고 3~4시간이면 동유럽, 지중해, 이스탄불 이쪽으로 아주 싸게 들어갈 수 있으니 2주씩 주어지는 휴가 기간에 유럽여행 밥 먹듯 하게 됩니다. 현지에서 아무것도 못 한 것에 대한 보상으로 휴가 한번 나가 5성급 호텔 잡고, 맛있는 거 사 먹고 쇼핑하면서 2주 동안 돈 많이 쓰고 들어오는 젊은 싱글 직원들 제가 참 많이 봤습니다. 참 많았습니다.

짭짤한 부수입, 보따리상

해외파견 나가서 보따리상으로 어떻게 용돈 벌이를 하는지 알려드리겠습니다. 중동이나 서남아 이슬람 국가나 동남아 쪽으로 1년 이상 장기로 파견 나가게 되는 경우 현지에 도착해서 가장 빠른 시간에 해야 할 일은 다음과 같습니다.

1) 현지 한국인 게스트하우스 숙박업 사장님들을 2~3명 정도 알아둔다. 많이 알아둘수록 좋음
2) 현지 한국인이 운영하는 장사 잘되는 대형 한국식당 사장님도 2~3명 알아둔다.
3) 현지 한국인 운영 여행사나 로컬 여행사를 2~3곳 알아둔다.
4) 믿을 만한 현지인 친구를 사귄다. (한국어 가능자 또는 영어 가능자, 둘 다 가능자)
5) 현지 로컬시장을 많이 둘러보고 특산품 시세를 주기적으로 확인한다.

일단 요렇게 다섯 가지 부분 정리해드리고 시작을 하겠습니다. 현지에 도착하면 정말 바쁘죠. 일단 먹고 자고 씻을 공간 확보부터 해야 하는데 보통의 경우 호텔은 식사 문제가 있기 때문에 현지 한국인 운영 게스트하우스(민

박)에 단체로 거주하는 경우가 많습니다. 30~40평대 되는 집에 방마다 거주하고 빨래해 주고 청소해 주는 사람 따로 있고. 아침, 점심, 저녁 다 한식으로 10가지 이상 반찬으로 해주고 하루 60달러에서 100달러 정도 받는 한국인 게스트하우스를 말하는 겁니다.

그리고 현지에서 회식을 할 때는 몰라도, 한국 직원끼리 회식을 하는 경우 대부분 한국식당으로 많이들 갑니다. 이슬람 국가의 경우 율법으로 음주가 금지되어 있기 때문에 국가 자체가 금주인 나라입니다. 그래서 술을 사려면 라이센스가 있어야 하고, 대사관 직원이나 기업체 외국인 같은 경우는 여권을 들고 술을 파는 지정된 장소에 가서 정해진 수량만큼만 주류 구매가 가능합니다.

한국산 소주의 경우 아예 취급을 하지 않고 외국 술도 귀하기 때문에 매우 매우 비쌉니다. 소주 한 병에 2만 원이 넘는 경우도 있고 이것도 핸드캐리나 공사 자재 조달 시 컨테이너선 들어올 때 숨겨서 들여오거나 해서 수급이 귀해 시가로 받는 경우도 많습니다. 어떨 때는 1만 원이다가 어쩔 땐 2만 원 받다가 그런 거죠. 그래도 돈이 중요한 게 아니고 술을 마실 수 있다는 것에 중점을 두고 사 먹습니다. 어차피 회사경비 법인카드로 지불하니까요.

현지인 친구를 사귀어 주말이나 시간 날 때 로컬시장에 가서 현지 특산물을 구경하고 시세로 알아보고 꾸준히 봐둡니다. 인건비가 싼 나라이기 때문에 수공예품이나 수작업이 많이 들어가는 천연보석류 같은 것이 부피가 작게 나가면서 한국보다 엄청나게 싼 경우가 많죠. 이건 나라별로 좀 상이하지만 부피가 적은 천연의 보석이나 수공예품 또는 그림류를 말합니다.

그럼 정리해드린 내용을 토대로 어떻게 보따리상으로 돈을 버는지 알려드릴게요.

일단 장기 해외파견을 나가면 보통 1년에 3번 이상은 한국으로 휴가를 나올 수 있습니다. 4개월에 2주나 6개월에 3주 정도 휴가를 받고 여기에 라마단이 끝나는 이드 연휴 7~10일 정도에 한국으로 휴가를 나올 수 있기 때문에 최소 3회 이상 한국으로 휴가가 가능하고 이때 들어가는 항공권은 회사에서 비용처리를 해주기 때문에 한국 왕복을 할 수 있습니다. 이런 본국 휴가를 이용해 보따리상하는 방법입니다.

일단 친해진 한국인 게스트하우스 사장님을 통해 한국에 나갔다 오면서 원하는 물품을 사다가 공급해 주고 돈을 받으면 됩니다. 현지 한국인이 운영하는 숙박의 경우 하루 세끼를 모두 제공하기 때문에 상습적으로 식재료난에 시달리게 됩니다. 고추장, 된장, 라면, 조미료, 삼겹살 같은 식재료는 수입품인지라 가격이 한국의 2배~2.5배 정도 비싸게 주고 구매해야 되고 삼겹살 같은 경우 조달 자체가 힘든 경우가 많습니다.

왜냐면 이슬람 국가는 돼지고기를 종교적 이유로 먹지 않기 때문입니다. 닭고기, 소고기, 양고기를 주식 육류로 삼습니다. 돼지고기는 무슬림이 절대로 먹지 않는 음식입니다. 따라서 시장, 마트에서 돼지고기를 팔 수 없고 구할 수 있다고 해도 삼겹살(포크벨리) 부위를 구하긴 어렵습니다. 그런데 한국 사람들한테는 주기적으로 삼겹살을 구워줘야 되거든요. 그래서 근처 돼지고기 파는 인접 국가에 나가서 항공으로 구매를 해서 배달하거나, 아니면 한국에서 들어오는 사람한테 부탁해서 삼겹살을 조달하게 됩니다.

그럼 삼겹살 가격이 당연히 비싸겠죠. 현지 한국식당에서 파는 한국산 삼겹살의 경우 1인분 150g 정도에 3~4만 원 정도를 받습니다. 엄청나게 비싼 가격을 받는 것이죠. 한국 삼겹살 배부르게 사 먹으려면 1인당 5만 원은 있어야 먹을 수 있는 게 이슬람 국가 한국식당 삼겹살 가격입니다.

그래서 게스트하우스 운영하시는 사장님들도 한국 갈 일 있는 사람이면 꼭 이것저것 부탁을 합니다. 미용실하시는 한국인 사장님은 한국 가면 여성잡지 몇 개만 사다 달라 부탁하고, 게스트하우스 사장님은 가벼운 김 같은 거 사달라고 하고 삼겹살 같은 건 무거우니 미안해서 부탁을 잘 못 하죠.

뭐든지 수요가 있는 곳에 공급이 있는 법입니다. 그 점을 이용해 접근을 하는 겁니다. 비행기에 실을 수 있는 무게는 20kg 정도죠. 좀 오버 차지를 해서 30kg 정도 싣는다고 하면 개인 짐을 최소화하고 삼겹살을 20kg 정도 실어 올 테니 얼마를 달라 이렇게 게스트하우스 사장님과 흥정을 하시면 됩니다.

대형마트나 정육점 가면 브랜드 삼겹살이 아닌 일반 삼겹살 100g에 1400원 정도 합니다. 150g에 2000원꼴이죠. 20kg 계산하면 고깃값 28만 원 나옵니다. 그런데 20kg을 150g씩 계산하면 133인분 정도 나오죠. 1인분에 3만 원씩 현지식당에서 팔면 매출이 399만 원 나옵니다. 한국에서 누가 28만 원어치 고기 사다 주면 그걸로 현지 한국식당은 매출 400만 원 올릴 수 있다는 뜻이 되는 것입니다.

그래서 고기 28만 원어치 사다 드릴 테니 수고비 얼마 얹어서 달라, 이렇게 제안하면 이 제안을 마다할 게스트하우스 사장님은 없습니다. 숙박하는 손님들 중간보고나 회의 잘 끝나거나 했을 때 삼겹살 내놓으면 정말 좋아하거든요.

삼겹살 자주 구워주고 못 해주고가 현지 한국인 게스트하우스의 경쟁력과 품격을 좌우할 정도니까요. "저 게스트하우스 묵으면 삼겹살 잘 얻어먹을 수 있다더라" 이런 말 나오면 진짜 숙박 영업 잘 되거든요. 그래서 이렇게 삼겹살을 조달해 주고 용돈 벌이를 할 수가 있는 것입니다.

28만 원어치 고기 사다 주고 50만 원을 받거나 70만 원을 받거나 금액 협상하는 건 개인 능력이구요. 사업하는 데 도움 줬던 아주 친한 사장님이라면 그냥 고기 날라다 주고 제값만 받으셔도 되겠죠. 그럼 진짜진짜 좋아하실 겁니다.

이 방법을 이용해 한국식당 사장님한테 직접 고기 가져다 주고 웃돈 얹어서 받으시면 됩니다. 게스트하우스와 다르게 한국식당의 경우 물량이 항상 달리고 실제로 고기도 항상 정기적으로 들여오는 냉동 컨테이너로만 조달할 수밖에 없고 한국에 왔다 갔다 하는 가족이나 아는 사람을 통해 항공 핸드캐리로 부탁을 해서 조달하는 경우가 다이기 때문에 한국 휴가 가서 삼겹살 사다 날라주고 용돈벌이를 하는 겁니다. 그래서 자주 가는 한국식당을 뚫어놓고 회식뿐 아니라 평소 점심이나 저녁에 가서 자주 사 먹으면서 친분을 쌓는 게 중요하지요. 서로 믿어야 저런 거래가 가능하니까요. 1년에 4번 한국 왔다 가면서 고기만 사다 날라줘도 최소 1회 당 몇십만 원은 벌이가 가능하단 뜻입니다.

다음은 현지 특산품 관련입니다. 중동 국가, 서남아 국가, 이슬람 국가, 동남아 국가의 경우 현지인 인건비가 매우 저렴한 경우가 많습니다. 우리가 태국이나 베트남, 네팔 같은 데 여행을 가면 물가가 엄청나게 싸잖아요. 그 이유가 저렴한 인건비 때문인데요. 그래서 수작업으로 생산되는 수공예품이 나 천연보석들이 한국보다 엄청나게 쌉니다. 한국에서 족히 20만 원을 주고 사야 하는 보석 정도가 현지에서는 2~3만 원 때로는 1만 원 정도 수준으로 값싸게 파는 경우가 많습니다.

이런 걸 남자들은 잘 모르고 살다가 휴가 나갈 때 되면 현지 한국인 아줌마들이 한국 나갈 때 집사람 선물 주려면 이런 거 꼭 사가야 된다. 그러면서 억지로 내키지도 않는데 처음에 몇 개 억지로 사라고 합니다. 그걸 사서 한국에 가져다주면 집에서 아내나 부모님이 특히 엄마들이 난리가 납니다. "이게 정말 만 원이냐? 한국 금은방 가면 10~20만 원 줘야 된다" "이건 무조건 다음에 나가면 10개 사 와라" "20개 사 와라" "친척들 다 돌리고 아는 사람한테 팔게" 이렇게 알게 되는 겁니다. 그래서 다음에 휴가를 나가면 10개, 20개 정도 사서 한국 가져다 주는 거죠. 뭐 50개를 사도 고작 50만 원어치라 현지 통관엔 전혀 문제가 없습니다. 선물용이라고 생각을 하는 거죠.

이 방법을 잘 사용해 현지에서 품질 좋고 아주 값싼 천연보석류를 사다가 돈을 벌고자 하신다면 가족한테 주지 않고 남대문시장 귀금속 도매상인을 뚫어 직접 직거래를 하시면 됩니다. 50개 샀는데 1개당 차익을 5천 원만 남겨도 25만 원이고, 2만 원 남기면 차익 100만 원 남기는 겁니다. 구체적으로 무슨 보석을 얼마에 사서 한국에서 얼마에 팔아서 얼마만큼 남기는 건 말씀을 못 드리고 나라마다 천차만별이고 기밀 사항이라 여기까지만 알려드리겠습니다.

또 한 가지가 있습니다. 한국에서 출국할 때 삼겹살을 사다가 파는 것도 있고 추가로 또 해야 하는 것이 중고스마트폰을 사다가 현지인들에게 되파는 겁니다. 중고스마트폰의 경우 서울 용산이나 강변역에서 많이 팔고 있습니다.

약정도 걸려있지 않은 깨끗한 중고스마트폰 시세 20만 원 정도 하는 걸 사다가 현지로 가져가 되파시면 됩니다. 한국은 최신형 스마트폰 출시될 때 그 이전의 이전인 2단계 전 모델 스마트폰 중고 가격이 굉장히 많이 떨어집니다. 최신형 스마트폰 말고 그 아래 모델이나 아래아래 모델 정도 되는 15~20만 원대 스마트폰을 중고로 사면 박스+필터+충전기+이어폰 완셋 박스채로 담아주거든요.

그럼 그걸 사서 돌아가 아는 현지인들한테 파는 겁니다. 왜냐면 한국에서 15~20만 원 하는 중고스마트폰 가격이 이슬람국 현지에서는 40~50만 원 시세가 형성되어 있기 때문입니다. 가격 차익이 많이 나고 또 한국에서 중고스마트폰을 사더라도 현지사람들은 중고 제품이라도 일단 한국에서 한국 사람이 사온 스마트폰이라고 생각해서 '튼튼하고 오리지널 한국산 휴대폰이다, 그래서 좋은 거다' 이런 인식이 강합니다.

예전에 ○○○ 같은 경우 한국 모델은 DMB 시청 때문에 안테나를 뽑을 수 있었습니다. 그런데 해외용은 안테나가 장착이 안 되어있었습니다. 그래서 한국에서 해당 스마트폰을 20만 원에 사다가 팔려고 하니 안테나가 있냐 없냐부터 확인을 하더라구요. 그래서 "안테나 달려있다. 한국에서 사온 거다"라고 하니 450달러 주고 바로 사가더라구요. 그래서 중고스마트폰 1대 핸드캐리해 가면 최소 20만 원 벌 수가 있었습니다.

전 한 번 한국 왔다 갔다 할 때 스마트폰 10개까지 핸드캐리 해봤습니다. 직접 들고 5개, 캐리어로 5개 합 10개 운반하고 현지에 내다 팔아서 200만 원 이상 차익을 내며 용돈 벌이를 했죠.

현지에서 들어올 때는 수공예품, 천연보석을 날라다 팔아 차익을 얻고 한국에서 나갈 때는 스마트폰, 삼겹살 날라주고 차익을 얻었습니다. 얼마나 버는지 최소로만 잡아볼게요.

현지 → 한국: 천연보석 50개, 개당 5천 원 차액=25만 원

한국 → 현지: 스마트폰 10대, 대당 20만 원 차액=200만 원

한국 → 현지: 삼겹살 20kg 핸드캐리=25만 원

총 1회 휴가 왕복하고 250만 원 보따리상 차액 확보. 1년 3회면 750만 원, 1년 4회면 1,000만 원

추가로 현지 공휴일 많이 껴서 3박 4일 휴가 생기면 다른 직원 지중해 유럽 놀러 갈 때, 한국 왕복해 보따리상 해서 추가 250만 원 수익 내도 되겠죠.

삼겹살 날라주다가 한국식당 사장님이 원하는 게 한우다. 그러면 한우 날라주시면 됩니다. 단가가 세서 차액이 훨씬 더 커지죠. 삼겹살의 몇 배 차익 생깁니다.

그리고 한국에서 현지로 나올 때 소주도 필수로 핸드캐리하는데 소주 한 20병 정도, 그 정도는 외국인이고 하니 통관에서 봐주거든요. 그건 1병당 2만 원 총 40만 원 이렇게 못 팔아요. 왜냐면 한국 갔다 온다고 하면 무조건 최소 소주 20병 고참들한테 신고하고 그걸로 회식하거든요. 이슬람 국가는 워낙 술이 귀해서 말이죠.

지금까지 해외파견 나가면 장점들을 정리해서 끝냈습니다. 이제부터는 해외파견 나가면 안 좋은 점, 단점을 쓰도록 하겠습니다.

최악의 미세먼지와 환경문제

지금부터는 해외에 장기 파견근무를 하면 나쁜 점을 다루어 볼까 합니다.

부모님들한테 이런 말 많이 듣죠. "일단 건강해야 된다" "건강이 우선이다" 해외파견을 나가면 이 건강을 해치는 경우가 많이 생깁니다. 짧게 여행을 하는 거라면 크게 문제가 되지 않겠지만 6개월 이상~몇 년 장기로 나가는 경우에는 현지 기후와 환경에 맞게 몸을 적응시켜야 되는 상황이 됩니다.

일단 자고 일어나면 씻어야 되는데, 물 수질이 좋지 않습니다. 수돗물 틀어놓으면 허옇게 석회가 다 보일 정도로 식수 상태가 형편 없어 샤워를 하거나 머리를 감으면 찐득찐득한 기분이 드는 경우가 많습니다. 그래서 이런 데 예민한 분들은 현지 수돗물로 샤워를 하고 나면 생수 1통을 까서 다시 헹구기도 합니다. 그래서 생수 사는데 돈을 안 아낍니다. 10박스, 20박스씩 쌓아놓고 생수를 사용하지요. 먹는 거 씻는 거 모든 곳에 다 생수를 사용해야 됩니다.

서울이라면 생수가 떨어졌을 경우 수돗물 마셔도 괜찮고, 수돗물 끓여서 보리차 만들고 결명자차 만들고 음용이 가능한데. 해외 현지는 절대로 수돗물을 마실 수가 없습니다. 아무리 노력해도 빨래의 경우는 수돗물로 해야 되는 단점도 있죠.

다음은 공기 문제입니다. 언제부턴가 미세먼지 지수 이러면서 지수 150 이상이면 밖에 나가면 안 된다. 이러면서 뉴스에 많이 나왔습니다. 그런데 제가 먼지 많은 나라에서 근무하면서 이 나라 평상시 출퇴근 길이나 사무실 안에서도 먼지가 너무 많고 항상 공기가 탁하다는 느낌을 지울 수가 없어 해당국 WHO 홈페이지 들어가 미세먼지 PM2.5 수치를 열어봤거든요. 경악을 금치 못했습니다. PM 평균 수치가 200~300 이런 거예요. 우리나라 PM2.5 200 넘고 300 넘으면 난리가 나죠. 황사 방진 마스크 불티나게 팔리고 실외활동하면 폐암 유발, 자살행위 이러면서 뉴스에 엄청 나올 겁니다.

Unhealthy for sensitive groups

Main pollutant: PM 2.5

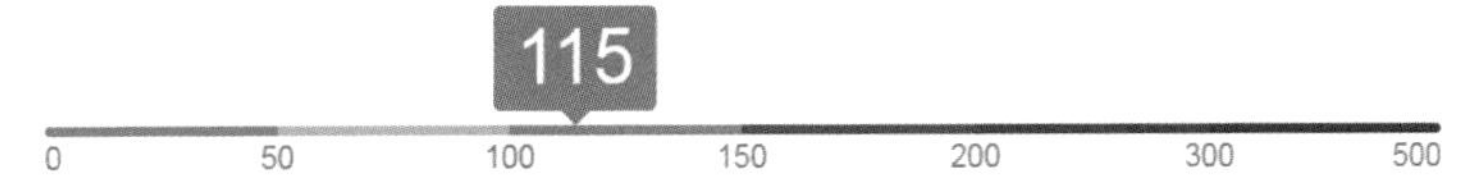

Health message

Sensitive people: Reduce long or intense outdoor activities. Take more breaks. If you experience coughing or shortness of breath, take it easier. If you have asthma, keep quick-relief medicine handy. People with heart disease: If you experience palpitations, shortness of breath, or unusual fatigue, contact your health provider.

그런데 현지에서는 그런 높은 미세먼지 지수가 평균이고 그게 당연한 거고 미세먼지 자체가 나쁜 건지 심각한 건지 현지인들은 모르는 경우가 많죠. 오히려 미세먼지 지수 높아 혼자만 마스크 쓰고 출퇴근하면 안 그래도 색깔 다른 동양인인데 더 이방인 취급당해 왕따당하기 쉽겠죠. 그래서 항상 높은 미세먼지에 노출되어 사는 꼴이 됩니다. 우기에 소나기가 오거나 하면 잠깐 공기가 깨끗해지구요. 평상시는 항상 하늘이 뿌옇습니다.

시내에 중고차 노후차 많이 돌아다니고, 포장도로도 많지 않고 그래서 먼지가 상습적으로 많이 날립니다. 집 안에서도 테이블 이런 데 보면 먼지기 한국보다 엄청나게 빨리 쌓이죠. 몸에 안 좋을 수밖에 없습니다.

이런 어려운 점을 회사에 얘기해 봤자 마스크 보내주는 것 말고는 달리 방법이 없고. 그래서 그만큼 파견일비 많이 주는 거라고 하는 거죠. 뭐 제가 본사 직원이었다고 해도 방법이 없는 문제가 맞아 보이긴 합니다.

치안 문제, 현지에 10년~20년 오래 사신 한국인분들하고 이야기해 보면 한국에선 겪을 수 없는 기상천외한 사고 사례를 많이 듣게 됩니다. 밤에 집에 가다가 사고당한 이야기, 술·마약한 집단 현지깡패들한테 쫓기다가 몰래 숨어서 기적적으로 살아난 이야기부터 시작해서 정말 한국에선 일어나기 힘든 사고들이 많이 일어납니다. 왜 그런가 하면 후진국의 경우 한국처럼 주민등록체계인 ID가 정확하게 등록되어 있지 않고 지문이나 이런 게 등록이 잘 안 되어있어서 쉽게 전산으로 조회할 수 없는 경우가 많아 사고 치고 도망 잘 쳐서 잡히지 않으면 사실상 잡을 방법이 없는 경우가 많습니다. 잡힐 가능성이 낮다고 판단을 하니 그만큼 범죄가 잘 일어나는 것이죠.

이와 관련해서는 실화를 바탕으로 한 영화 〈Whiskey Tango Foxtrot〉에서 아프가니스탄 카불에 종군기자로 파견된 미국 여기자가 밤늦게 운전기사가 집을 잘못 데려다 주는 바람에 밤 골목골목을 당황하며 헤매는 장면으로 잘 묘사해 주고 있는데요. 한 국가의 수도라고 해도 정말 밤늦게 혼자 걸어 다니는 것

Hijri 1439	March 2018	Day	Fajr AM	Dhuhur PM	Asr PM	Magrib PM	Isha PM
13, Jumada Al Akhira	1	Thursday	5:25	12:34	3:54	6:24	7:38
14, Jumada Al Akhira	2	Friday	5:24	12:34	3:55	6:24	7:38
15, Jumada Al Akhira	3	Saturday	5:23	12:34	3:55	6:25	7:39
16, Jumada Al Akhira	4	Sunday	5:22	12:33	3:55	6:25	7:39
17, Jumada Al Akhira	5	Monday	5:21	12:33	3:55	6:26	7:40
18, Jumada Al Akhira	6	Tuesday	5:21	12:33	3:55	6:26	7:40
19, Jumada Al Akhira	7	Wednesday	5:20	12:33	3:55	6:27	7:41
20, Jumada Al Akhira	8	Thursday	5:19	12:32	3:55	6:27	7:41

이슬람 기도시간 (두바이)

이 죽음의 위험이 있을 만큼 위험하다는 것이죠.

새벽만 되면 150데시벨로 쩌렁쩌렁 울리는 알라신을 위한 기도시간이 새벽잠을 방해합니다. 무슬림들은 매일 꼬박꼬박 하루에 다섯 번 기도를 합니다.

새벽 - 파즈르(새벽 5시경)

점심 - 두흐르(점심 12시경)

오후 - 아쓰르(오후 4시경)

해질 때 - 마그립(저녁 6시경)

저녁 - 이샤(밤 8시경)

▲ 기도시간이 되면 하던 일을 모두 멈추고 기도를 하는 이슬람 사람들의 모습

이렇게 기도용 매트를 깔고 기도를 올립니다. 기도시간에는 마을 곳곳에 배치된 확성기를 통해 쩌렁쩌렁하게 기도문이 방송됩니다. 이거 처음에 몇 달은 이것 때문에 미칩니다. 특히 새벽잠 많은 사람은 새벽 5시경에 이 소리 때문에 새벽에 잠을 깨게 됩니다. 참 미치고 팔딱 뛸 일이죠. 저도 처음에 적응 못 하다가 한 6개월 지나니까 저 소리 들려와도 새벽에 잠 안 깨고 잘 자게 되더라구요.

아무리 깨끗한 집을 구해도 집 안에 온갖 곤충 벌레들이 난입을 합니다. 모 프로그램에 나온 최수종씨-하희라 씨 부부가 라오스 여행을 가서 호텔 벽에 붙어 있던 흰색도마뱀 보신 분은 기억나실 겁니다. 그런 도마뱀이 그냥 집안에 상주하고 있다, 이렇게 보시면 됩니다. 처음엔 쫓아내고 잡으려고 하겠죠. 그런데 지내다 보면 박멸이 불가능하다는 결론을 알고 그냥 봐도 내버려 두는 거죠. 도마뱀도 사람을 무서워해서 눈에 잘 안 띄거든요. 밖이 워낙 무덥고 습하니 에어컨 바람 나오는 집에 사람 몰래 숨어들어서 살고 있나

보다 하는 거죠. 그리고 도마뱀이 집에 돌아다니면 개미나 이런 거 잡아먹어 주니 감사해라… 하고 공생을 하는 겁니다. 참 웃프죠.

▲ 내 집에 세놓고 살았던 흰도마뱀, 나중엔 정들더랍니다

그리고 집안에는 도마뱀 말고도 바퀴벌레가 항상 상주하구요. 한국처럼 세스코 부른다거나 이런 비슷한 현지 업체가 있지만 박멸이 불가능합니다. 또, 항상 벽 타고 이동하는 개미들을 볼 수가 있습니다. 한번은 집안에 있던 거의 안 쓰는 나무장롱 서랍 안에 여왕개미가 집을 짓고 개미를 불러들여서 서랍을 열어보고 놀래 자빠질 뻔한 적도 있었습니다. 그대로 조용히 서랍을 닫아두니 동요 안 하고 밤새 여왕개미가 개미들 끌고 조용히 이사해 버렸더라구요.

그리고 가장 건강을 해칠 수 있는 모기도 있습니다. 현지 모기는 한국 모기랑 달라요. 왜 야외 나가면 아디다스 모기라고 불리는 전투력 강한 모기들 있잖아요. 그런 모기보다 더 강력한 모기들이 있습니다. 에프킬라 같은 거 뿌려도 죽지도 않더군요. 그래서 텐트 펼쳐놓고 텐트 안에 들어가서 자야 하는 것이죠. 극성수기에는 모기가 너무 많이 달려드니 텐트 안에서 잠을 자면서도 모기소리에 잠을 깨는 경우도 있습니다. 잠자다가 눈떠보면 텐트 위에서 끝없이 왱왱거리고 헤딩하고 있는 모기 떼들을 볼 수가 있게 되지요. 그럴 땐 미리 충전해둔 전기 모기채로 스윙을 날려대면 '따다다다닥' 하고 모기들이 전기에 맞아 죽으면서 곤충타는 고소한 냄새를 맡게 되더랍니다.

모기에 잘못 물려 풍토병에 걸리거나 열병 같은 걸 앓거나, 심하면 말라리아나 감기처럼 걸린다는 뎅기열에도 걸릴 수 있으니 조심해야 하겠죠.

1) 수돗물 수질이 형편없다. 음용 불가. 샤워나 머리 감고 생수로 다시 헹궈야 한다.
2) 집에 생수 쌓아놓고 살아야 한다.
3) 평상시 미세먼지 지수가 150~200~300 육박하는 나라들이 많다.(폐병 위험)
4) 매일 새벽 5시만 되면 150데시벨 수준으로 알라신을 위한 방송이 나온다.(새벽잠 설침)
5) 집안에서 도마뱀, 바퀴벌레, 개미랑 공생해야 한다. (박멸 불가)
6) 항상 모기를 조심해야 한다. (열병, 말라리아, 뎅기열)

시차 문제와 휴무일 다른 문제—이슬람 국가는 서방과 다르게 금요일, 토요일이 휴무일임—로 발생하는 문제는 이어서 바로 다루도록 할게요.

사라진 일요일

: 알라신 님아! 제 일요일 돌려주세요. 금요일, 토요일이 공휴일인 이슬람 국가, 사라진 일요일… 새벽에 화나고, 주6일 근무 화난다. 내 일요일 돌려달라….

금요일 아침이네요. 일주일 중 직장인들 가장 설레는 날입니다. 오늘 하루만 출근해서 버티면 주말 이틀 노니까요. 날씨도 따뜻하니 좋고 미세먼지만 아니면 정말 좋을 텐데요. 그래도 불금은 불금입니다.

이번엔 공휴일, 시차 관련해서 좀 다루어 볼게요.

이슬람 국가는 공휴일이 금요일, 토요일입니다. 신기하죠. 달력도 보시면 일-월-화-수-목-금-토 이렇게 되어있습니다. 서양에서 말하는 SUNDAY는 이슬람 국가에서는 업무 시작일입니다. 월요일과 같다는 거죠. 그래서 처음 이슬람 국가 나가면 공휴일이 달라서 어리둥절해집니다.

한국에서는 분명 일요일에 쉬었고, 종교인이면 교회도 갔는데 일요일에 출근을 해야 합니다. 중요한 대관업무나 발주처 감독관 주간보고 같은 경우 업무 시작일인 일요일로 많이 잡는 경우가 많습니다.

5일 일하고 목요일 저녁되면 현지인들부터 다들 들떠있죠. 목요일 저녁이 한국으로 치면 불금이 되는 거거든요. 그래서 목요일 저녁에 파티들 많이 하고 도시 전체 분위기가 좋습니다. 그리고 금요일 휴무 들어가는 거죠. 토요일도 휴무가 되는 거구요.

토요일은 그렇다 치는데, 이 금요일 휴무가 되는 것이 스트레스가 되는 경우가 많습니다. 분명 현지국가는 나라 전체가 공휴일로 쉽니다. 그래서 한국 사람들은 공휴일에 이렇다 할 것도 없고 골프는 저렴하고 하니, 골프장에 주로 가죠. 젊은 직장인은 현지 젊은 사람이 있는 교회나 절, 한국식당이나 이런 모임에 나가거나 집에서 영화 보거나 취미 생활하죠.

그런데 문제는 현지국가는 금요일이 이렇게 공휴일이지만, 한국은 업무가 바삐 돌아가는 평일이란 거죠.

그래서 현지 공휴일 금요일에 쉬고 있는데 본사에서 연락이 오는 경우가 많습니다. 뭐 거의 매주 금요일마다 본사에서 업무지시나 보고자료 요청, 주간보고 같은 걸 요청하는 경우가 많습니다.

이거 스트레스받는 거죠. 본사에서 뭐 하나 요청자료 부탁하면 노트북을

열든가, 사무실에 잠깐이라도 나가서 업무를 봐야 하는 일이 되거든요. 한국에서도 주말에 잠깐 출근해서 1시간~2시간만 일 만지고 나와도 그날 하루 다 버린 것 같아서 화나잖아요. 그러니 현지에서도 이게 얼마나 화나는 일이겠습니까.

더구나 이뿐만이 아니고 현지국가와 한국은 시차까지 차이가 나죠. 가까운 서남아 국가는 3시간에서 사우디 쪽, 먼 중동 국가는 6시간 차이가 납니다. 그럼 5시간 차이가 난다고 해볼게요.

현지국가 공휴일 금요일입니다. 시차는 한국이 5시간 빠릅니다. (한국 본사 직원들 9시 출근하면 현지는 새벽 4시라는 뜻입니다.)

한국 10시 회의시간 되면, 현지는 오전 5시

한국 12시 점심시간 되면, 현지는 오전 7시

한국 14시 회의시간 되면, 현지는 오전 9시

한국 18시 퇴근시간 되면, 현지는 오후 1시 이렇게 되는 겁니다.

현지 금요일 공휴일이라 쉬고 있습니다. 한국 아침 10시에 상무님이 긴급 보고 요청 옵니다. 그럼 새벽 5시에 알라신 기도문 방송 들으며 일어나 본사에 업무협조 일을 해야 합니다.

한국 오후 2시에 또 회계팀, 구매팀에서 중요한 비용회의를 요청합니다. 그럼 아침 급하게 먹고 또 한국 본사 원격회의 참여 준비해야 합니다.

한국 본사 직원들은 18시 퇴근했습니다. 새벽 5시부터 본사 시간에 맞춰 시달리다가. 본사 직원 다 퇴근해도 현지는 고작 낮 1시입니다. 그럼 현지 시간에 맞춰 현지인들 퇴근 시간까지 계속 일해야 합니다.

그럼 어떻게 됩니까. 이 망할 시차 5시간 때문에 새벽 5시부터 한국 본사 시차에 맞춰 해달라는 거 해주고 현지인들과 일해야 하니 현지 시간 18시 퇴근 맞춰야 합니다.

현지 공휴일인 금요일에 쉬어야 되는데 본사에서 일 해달라고 하면 일 해줘야 합니다. 토요일은 다 같이 쉽니다. 일요일은 한국에서는 공휴일이지만 현지국가는 한 주 업무 시작일입니다. 그래서 결국 일주일 중 토요일 하루만 마음 편히 쉴 수가 있습니다. 자연스럽게 반강제로 주 6일 근무가 되는 거죠. 근무시간도 한국과 시차 덕분에 새벽부터 자연스럽게 몇 시간 늘어나는 경우의 날이 많습니다.

시차나, 공휴일 이런 개념에 민감하지 않은 여행자는 몰라도 실제 업무를 하고 공휴일에는 쉬는 워라밸(Work and Life Balance) 맞춰야 하는 직장인 입장에선 이런 상황이 완전 황당하고 스트레스로 다가오는 것이죠.

이역만리 타향에서 불철주야 고생하시며 조국의 국부 형성을 위해 열정과 헌신으로 외화를 벌고 계시는 근로자 여러분께 헌정드립니다.

PART 9

직장 생활 이야기

Fighting Businessman

띠동갑 어린, 여자 상사에게 일 배운 이야기

이직이라기보다 전직이라고 말해야 옳은 표현인 것 같습니다. 전혀 다른 업종에서 새로 일을 시작하게 되었으니까요. 국내 지방 전국 방방곡곡 출장 생활을 하였고, 해외 오지 국가로 파견을 나가 수주사업을 하는 회사에서 일을 하다가 느닷없이 전직을 하게 됩니다.

새로 들어간 은행은 모든 것이 새로운 환경, 새로운 조직문화였습니다. 일단 남녀 구성 비율이 달랐습니다. 예전 회사는 팀원 평균이 40대 이상 아저씨들이었습니다. 제안서 쓰고 사업 수주하고 지방 출장이 잦아 단체생활을 많이 하고 야근이 많은 힘든 문화라서 그런지 평균 연령이 높고 80% 이상은 남자 직원으로 구성되어 있었죠.

새로운 회사는 책임자들 빼놓고는 평균 30대 초중반 젊은 직원으로 구성되어 있고, 70% 이상은 여성으로 구성되어 있었습니다. 평균 30대 초반이니 당연히 20대 초중반 직원도 많은 구성이었습니다.

업무 할당이 안 되어 한 달 정도 OJT로 직원들 일하는 걸 뒤에서 수첩 들고 적어가며 구경을 했습니다. 정신없더군요. 처음 회사 들어갔던 20대 중반 젊은 머리도 아니고 배우는 속도도 느렸고 은행 일은 하루종일 바쁘게 돌아가더군요. 한 3일 지나니 비슷하게 반복되는 업무가 많은 것도 같기도 하고….

그렇게 한 달 지난 후 업무가 할당되고 본격적으로 실전에 배치가 되었습니다. 참 온종일 정신이 하나도 없더군요. 하루 종일 손님이 밀려들고 번호표는 평소에 20~30번에서 60번, 월말에 심할 때는 100명 넘게 밀려있는 경우가 많았습니다.

제 옆에는 저보다 12살 어린, 정확히 띠동갑 여직원이 앉아서 일을 하고 있었습니다. 그래서 실전 경험이 없으니 하다가 막히는 업무는 거의 다 물어보면서 일을 배웠습니다.

뭐 경험해 보신 분들 많겠지만 사소한 것 하나하나, 아주 단순한 일도 과거부터 현재까지 변경된 업무를 숙지하고 있지 못하면 막히는 일들이 워낙 많아서 일하는 중간중간 하루에 몇십 번 물어보기도 하게 되더라구요.

일 알려주는 입장에서도 앞에 손님 처리하랴, 일 알려주고 도와주랴, 참 서로 같이 정신이 없게 됩니다. 그래서 정말 그 여직원에게 항상 미안하고 고맙게 생각을 했었습니다.

글로 쓰면서 빈말로 하는 게 아니라 정말로 진심으로 고맙게 생각하고 지금도 고맙게 생각하고 앞으로도 참 인생에서 고마운 사람으로 기억이 될 듯합니다.

실전 배치를 받고 3개월 정도 지나니 업무가 안정이 되더라구요. 큰 틀에서 보면 거의 하루 업무의 80% 이상은 똑같은 반복적인 일의 연속이었고 중간에 20% 정도는 잘 모르는 일, 규정을 찾아보면 나오는 일, 정말 애매한 건 직원들한테 물어보거나 토론해서 결정하는 일, 일 잘못 처리해서 혼자 해결해야 하는 일 등이 주였죠.

그렇게 일에 어느 정도 자리를 잡아가고 물어보는 일이 줄어들면서 눈앞에 닥치는 일뿐만 아니라 옆 직원에 관심이 가더군요. 이성적으로 호감이 생겨 관심이 갔다는 뜻은 아닙니다. (오해 사절)

오랫동안 40~50대 남자들만 득시글거리는 험한 회사를 다니다가 갑자기 띠동갑되는 여자 상사를 만나 일을 배워야 하는 처지에 놓인 꼴이라, 그런 저 자신이 참 우습기도 했고요. 그렇게 된 제 상황, 제 인생 자체가 좀 웃프다 이런 생각이 들었습니다.

옆 직원은 갓 고등학교를 졸업하고 회사에 들어와서 몇 년째 일을 하고 있었습니다. 이 직원은 다른 직원들과 참 잘 지냈고, 팀장님들, 지점장님들과도 매우 잘 지냈습니다. 인간관계뿐만 아니라 일도 참 잘했습니다. 모든 부분에서 실적이 매우 월등했죠. 지역뿐 아니라 전국에서도 손꼽을 정도로 말입니다.

그런데 일을 월등하게 잘하는데 급여는 저보다 적게 받고 있더라구요. 대졸로 들어간 거랑 고졸로 들어간 거랑 급여 체계가 달라서겠지요.

저는 이전 직장인 일반기업에서 직원들 간 연봉은 절대로 비교를 안 했거든요. 다른 직원의 연봉을 열어보거나 공개하면 인사징계당할 정도로 상호 간 연봉이 차이가 많이 났고 기밀로 처리되는 회사를 다녔었습니다. 뭐 동기들은 서로 다 까보긴 했지만서두….

그래서 전직 온 직장에서도 웬만하면 월급 얼마다 이런 거 말 안 하려고 했는데 여기는 좀 다르더군요. 아무래도 연공서열에 따라 호봉에 맞춰 월급 기본급은 다 똑같이 나오기 때문에 월급날 되면 나 얼마 나왔다 이러면서 서로 공개를 다 하더군요.

그런데 전 옆 직원보다 월급이 많은 것 같아서 미안해서 아무 말도 안 하고 있으면 먼저 제자리로 와서 월급 얼마 나왔냐고 대뜸 제 컴퓨터 급여정보 막 열어보더라구요. "얼마 받으셨냐 좀 보자" 이러면서요.

평달은 모르겠는데 보너스 나오는 달은 차이가 좀 많이 났었습니다. 그래서 실망하고… 그러더군요…. 그리고 다음 날 되면 또 언제 그랬느냐는 듯 씩씩하고 밝게 출근해서 생활을 하더군요.

적은 월급 타서 항상 매달 키워준 할머니한테 편지 써서 용돈 드리는 모습도, 아직도 기억이 생생합니다.

띠동갑 어린 상사인 옆 직원을 보면서 난 20대 초반에 뭘 했나, 이런 생각도 많이 들었구요. 난 저 나이에 돈을 벌기는 커녕 대학교 다니면서 과외 좀 하면서 학점만 겨우겨우 맞춰 채우면서 판판 놀고 여름방학, 겨울 방학 때 3개월씩 판판 놀았던 기억밖에 없는데 이 직원은 이 나이부터 손님 상대해가며 월급도 적은데 실적도 우수하고 이렇게 열심히 일하고 있구나. 이런 생각들….

캠퍼스 생활도 못 해보고 고등학교를 졸업하고 바로 취직해서 이제 20대 극 초반의 나이에 매일매일 바쁘고 활기차게 일을 하고 있는 모습이 좀 안쓰럽기도 하고 기특하기도 하고 그래서 많이 이쁘게 생각되었습니다.

일을 많이 알려주는 것이 고마워서 초밥 같은 맛있는 밥도 사주고 그랬었는데요. 서울에서 대학 나오고 회사생활 오래 한 사람이 옆에서 일을 하고 있으니 이 분 입장에서도 저를 좀 신기하게 생각을 하긴 했나 봅니다. 때로는 속 깊은 얘기를 물어보기도 하더라구요. 대학교를 못 갔는데 지금이라도 대학교를 가면 어떨 것 같냐? 이런 개인적인 궁금증을 저한테 물어보기도 했었습니다. 그런데 제가 뭐 주제넘게 답변을 해주기도 뭐하고, 개인적으로는 제가 12살 위고 사회생활도 어느 정도 해봤고 대학교도 나와 봤고, 그래서 해주고 싶은 말이 많았지만 말을 많이 아꼈던 걸로 기억을 합니다.

엄연히 12살 어려도 직장에서는 상사거든요. 그래서 같이 일한 지 6개월이 지나도, 1년이 지나도, 2년이 지나도 전 절대로 나이 어리다고 하대하거나 말 놓지 않았습니다. 말을 못 놓겠더라구요. 계속 꼬박꼬박 존댓말 했죠. 정신없이 이것저것 물어보는 거 잘 받아주고 짜증 안 내고 화 안 내고 해 준 게 너무 고마워서 진심으로 직장 상사로 대했고 그래서 계속 존대를 하고 싶었던 것 같습니다. 그러함에도 회식 때나 이럴 때 저한테 대하는 것 보면 제가

12살 위였음에도 저를 참 편하게 생각했었던 것 같습니다.

전직해서 아무것도 모르는 병아리일 때 저한테 일 알려준 12살 아래 띠동갑 직장 상사… 이분 지금은 아주 잘 풀려서 이미 정직원으로 승진을 하였구요. 무슨 일을 시켜도 정말 단기간에 습득하고 업무 정말 잘하더군요. 젊어서 부럽고, 마음씨 이뻐서 부럽고, 기특하고, 안쓰럽고 그렇습니다.

부디 젊을 때 열심히 돈 벌고, 재미있게 여행도 많이 다녔으면 좋겠고 좋은 남자 만나 결혼도 잘 했으면 좋겠고 워라밸 잘 맞추면서 직장 생활해 번아웃 겪지 말고 오래오래 정년까지 잘 다니길 바랍니다.

나중에 제가 60살 돼서 찾아가면 48살의 멋진 부지점장이 되어 있는 모습 기대할게요….

번아웃 증후군

: 내 얘기 같아서 소름 끼치는 번아웃 사전징후, 직장 상사님들 꼭 아셔야…

'번아웃(Burn Out) 증후군' '번아웃 사전징후' 뭐 이런 용어로 많이 검색에 오르고 내리는데요. 이게 사실 번아웃이라는 게 본인이 느끼지 못하고 안고 살다가 어느 순간 폭발해서 갑자기 사표를 내거나 해서 회사를 뛰쳐나가

는 경우가 많은 경우가 이런 경우입니다.

번아웃이 잘 오는 회사 내 캐릭터, 성격들을 말씀드려 볼게요.

1) 성격이 내향적이다. (내성적)

2) 남몰래 묵묵히 일하는 성격이고, 일이 많고 적음에 대해 표현을 잘 안 한다.

3) 술자리 회식 이런 것보다는 일로 승부하는 성격이다. (사바사바 잘 못 함)

4) 주변에서 일 잘한다는 소리를 듣는다. (한 명이 할 일을 1.5~2명 정도 해내는 직원으로 인정)

5) 그래서 인사고과는 매년 평균 이상 등급을 맞는다.

6) 퇴근하고 집순이, 집돌이 해야 스트레스가 풀린다. (저녁에 술 마시고 누구 만나는 게 싫다.)

대략 이 정도입니다.

번아웃에 들어가는 과정은 이렇습니다.

1) 내성적이고, 회식에서 사바사바 잘 못 하고, 주는 일 다 받아서 묵묵히 잘 처리하고 표현을 잘 안 하니 상사나 주변에서 마냥 일 잘하는 줄 알지, 업무 로드가 그 사람한테 얼마나 걸리는지 인지를 잘 못 하는 경우가 많음

2) 그래서 상습적으로 평균적으로 회사에서 처리할 일의 양을 초과해서 일을 하면서 주변에서 일 잘한다 소리를 계속 들으며 회사생활을 하다가, 5년~10년 차 사이에 대리-과장 직급으로 오르면서 일의 양은 줄어들지 않고 책임감은 더해지고 중요한 일도 처리하게 됨

3) 이런 상황에서 30대 초반에서 중반 넘어가면서 젊을 때와 다르게 기본

체력이 떨어지기 시작함. 젊을 때는 심적 스트레스가 많아도 젊기 때문에 자고 일어나면 어느 정도 풀리고 또 일에 매진할 수 있었지만 30대 중반 이후 넘어가면 체력 회복력이 떨어지고 회복할 시간이 부족해지나, 회사에 가면 주변 동료나 상사가 바라본 업무 능력치에 대한 기대감은 최소 동일하거나 그 이상

4) 그래서 그동안 일 해온 타성을 못 버리고 체력이 떨어져 업무가 계속 가중되는 상황에서도 남한테 쉽게 표현을 하지 못하고 회사생활을 이어나감. 아주 천천히 진행되므로 주변에서 인지 못 하고 상사도 인지 못 하고 본인도 인지를 잘 못 함. 그러면서 사소한 일에도 짜증이 늘어나고 퇴근길이나 주말에 운전하다가 보면 끼어들기 같은 상황에 나도 모르게 욱하고 급발진, 급가속하는 패턴이 늘어남. 욱하고 과격적으로 변하는 것은 번아웃 초기 징후 중 하나임. 주변에서 빨리 인지하는 게 중요함. 그리고 번아웃을 경험해 본 일부 상사들의 경우 술자리 이런 데서 "너무 일을 열심히 하지 마라. 회사에서 주는 적당선만 하고 미래를 위해 체력을 비축해라." 식의 조언을 몇 번 해주는데 이런 얘기를 듣고도 본인은 '내가 일을 너무 잘해서 능력도 없는 것들이 고참이라고 내 능력을 시기해서' '내가 회사에서 승진도 빨리하고 잘 나갈까 봐' 이렇게 생각하면서 상사들의 진심 반 부러움 반의 충고를 묵살해 버림

5) 그렇게 서서히 자기중심적으로 변하고, 회사에서 일 잘한다는 소리를 듣지만 사소한 일에 계속 화내고 직원들과 트러블 생기고, 심하면 상사한테도 대들고 큰소리치는 경우도 발생함. 이런 경우 조직이나 상사의 입장에서는 그동안 일을 아무리 잘해왔어도 이단아로 찍히는 경우가 많음. 회식 자리에서 잘 놀지도 못하고 술도 잘 못 마시고, 직원들과 그렇게 친하지도 못하는 주제

에 폭언하고 화내고 짜증 내는 직원으로 낙인찍혀 버림

6) 그런 조직 내 상황과 반대로 본인은 '난 회사에서 일을 제일 많이 처리할 수 있고. 만약 내가 없으면 우리 부서는 일이 안 돌아갈 것이고. 회사도 손해다' 이런 생각을 계속하게 됨

7) 그러다가 결국 번아웃 크리가 터지면서 아무것도 일이 손에 안 잡히고 아무것도 못 하는 상황 회사에 대한 불만이 폭발, 이런 기재가 겹치면서 돌발퇴사, 조기퇴사 스스로 사표를 던지고 회사를 뛰쳐나오게 됨

8) 번아웃을 경험한 상사들이 이 과정을 주변에서 잘 지켜봤다가 번아웃 징후가 보이면 좀 편하거나 일이 수월한 부서로 빼주거나 아니면 일부러 회사에 출근을 시켰다가 일을 안 주고 부러 놀게 만드는 방법으로 직원의 스트레스를 줄여줘서 직원이 온 정신으로 돌아올 때까지 기다려주는 상사도 간혹 있음. 그러나 이런 번아웃 사전징후의 과정을 겪어보지 않은 대부분의 50대 이상 상사들은 젊은 직원의 이러한 근무 태도(번아웃 징후로 기인한 근무 태도)를 잘 이해하지 못하는 경우가 많고, '저 친구 하나 없어도 조직은 잘 돌아가며 일이 안 되면 2명을 다시 채용해서 쓰면 된다' 이런 관리자적 마인드로 접근함. 퇴사를 해도 상관없다 이런 식으로 대놓고 말해서 회사를 나가

게 만듦

9) 20~30년 일한 상사의 입장에서는 고작 5~10년 일하다가 번아웃인지 뭔지도 모르겠고, 짜증 내고 화내고 조직에 분란을 일으키는 직원으로 찍어서 회사를 내보내야겠다. 이렇게 생각하는 게 대부분임. 그래서 번아웃 증세가 나타나는 직원의 경우는 주변에 친한 상사가 이를 잘 캐치하고 보고를 잘해 관리를 잘하는 게 중요함

번아웃 증후군이나 증세로 우울감이 왔거나 심각하게 아무것도 하기 싫고 막연히 퇴사하고 싶은 분들 중 우연히 검색하다가 제 블로그 이 글을 읽으셨다면 번아웃 증세에 의한 충동 퇴사는 되도록 재고하시라고 말씀을 드립니다.

왜냐면 번아웃 와서 퇴사하신 분들의 경우는 1~2년 쉬었다가 정신이 돌아오면 생계 때문에라도 다른 회사 재취업을 하게 되는데 재취업을 한 회사에서도 일하는 방식이 똑같이 흘러갑니다. 묵묵히 주는 일 다 받아먹고 표현을 안 하다가 또 번아웃이 금방 와요.

한 회사 오래 다니다가 번아웃으로 퇴사했고 재취업을 하면 나이 먹고 다시 회사를 들어간 거고 경력이 있다고 하면 새로운 회사에서도 그 사람에 대한 기대치가 높기 마련입니다. 그래서 일에 대한 기대치가 매우 높고 그래서 번아웃은 다시 찾아오기 마련이에요.

그래서 꼭 미리미리 본인이 회사 조직 내에서 어떻게 일을 하고 있는 사람인가 판단을 잘하셔 지금부터라도 일하는 방식을 바꾸셔야 합니다. 주변에 보면 본인보다 일 절반 수준밖에 안 하고 월급 따박따박 잘 타가면서 회사

생활 오래 하는 상사나 동료들을 참고하세요.

회사생활은 오래 버티고 살아남으면서 월급 잘 타 먹는 게 중요한 것이지 묵묵히 남보다 많은 일 처리하면서 스트레스받고 번아웃 와서 조기 퇴사하는 게 좋은 건 아니거든요.

그리고 자기 일에만 매달려 주변 사람과 안 친하고 회식이나 이런 데서 사바사바 사내정치 못 하는 직원은 일만으로 승부해서는 절대로 임원은 커녕 위에서 팀장도 시켜주질 않습니다. 직원이 하는 역할과 팀장이 하는 역할은 완전히 다르거든요.

부디 제 글 많이 읽으시고 이른 퇴사 하시는 분들 예방했으면 좋겠습니다.

은행의 점심시간, 은행에 손님 적은 날

은행 점심시간 1시간 휴게를 하느니 마느니 논란이 뜨겁습니다. 필자는 야근이 매우 많았고 항상 업무가 많았던 일반 회사를 다녀봤고 나중에 시중은행으로 이직해 은행원 생활도 경험을 해봤습니다. 그래서 양쪽 모두의 입장을 너무나 잘 알기에 은행 점심시간 관련 글을 좀 써볼까 합니다.

노조 요구	쟁점	사용자 측 입장
63세까지 연장(단계적으로 65세까지)	정년연장	현실적으로 당장은 어려워
모든 사업장 일괄 적용	**점심시간 휴식**	**영업 안 하면 고객 불편 심각**
도입 논의 검토해야	주4일 근무제	현실적으로 어려워
도입 근거 이번에 마련해야	노조 추천 사외이사	각 은행에서 결정해야

▲ 금융노조·사업자 간 교섭 쟁점

우선 은행원 입장에서 살펴보겠습니다. 시중 은행들은 대부분 사람이 많이 오고 가는 목 좋은 자리에 점포를 차려놓고 영업을 하고 있습니다. 큰 시장 근처나 대도시의 큰 상권 안의 땅값이 거의 가장 비싼 요지에는 어김없이 대형 시중은행이 자리를 잡고 영업을 하고 있는 것입니다.

그러다 보니 오전 9시부터 손님이 밀려들기 시작해 마감하는 오후 4시까지 하루 종일 끊임없이 손님이 밀려드는 영업점이 많습니다. 평소에는 시간적으로 여유가 많은 노인분들, 학생들, 가정주부들, 기업체 사장님들, 부동산 하시는 분들 등이 주로 찾으시지만 점심시간 12시~1시 사이에는 좀 상황이 다릅니다. 주변에서 직장생활을 하는 분들이 주로 찾는 시간대가 점심시간 1시간 사이거든요. 그래서 점심시간엔 대기표가 많아져 기다리는 사람들 중에 젊은 직장인들이 꽤 많습니다.

은행에서는 해당 지역의 상권에서 가장 효율적으로 수익을 올릴 수 있는 인력 수로 영업점을 운영하기 때문에 직원들 한 명 한 명이 하루 종일 모두 열심히 호번을 하면서 일을 해야 온전히 밀려드는 손님을 상대할 수가 있습니다.

그러나 점심시간은 좀 상황이 달라집니다. 창구 직원의 절반은 점심을 먹고 와야 하고, 절반은 일을 봐야 하는데 이게 참 골치 아픈 부분이 많습니다. 예를 들어보겠습니다. 창구에 직원이 8명인 지점입니다. 점심시간마다 조를 정해 4명씩 40분~45분 정도 점심을 빠르게 먹고 돌아와 2교대를 하는데요. 1조로 점심을 먹게 예정되어 있던 직원이 밥 먹으러 가기 직전에 맞은 손님이 시간이 매우 오래 걸리는 업무를 해달라고 오시는 경우입니다.

예를 들면 가지고 있는 통장이 몇 개가 되는데 다 잃어버려서 재발급하고 비밀번호도 다 바꾸고, 신용카드도 다 분실해서 재발급하고, 체크카드도 바로 써야 하니까 즉시 재발급 해달라고 하고, 그리고 창구 나온 김에 주택청약저축도 하나 하고, 일반 적금도 하나 해달라는 최소한 아무리 빠르게 처리해도 30분 이상은 걸리는 그런 고객님을 은행원이 점심시간 나가기 1분 전에 받았다고 생각을 해보세요. 그럼 손님 한 명만 처리하고 막 점심을 먹으러 가려고 준비했던 은행원 속에서 열불이 납니다.

1조에 먹게 되어있던 4명의 직원과 밖에 나가서 먹으려고 미리 식당에 전화해서 예약까지 다 해놓은 상황이거든요. 시간이 아까우니 "몇 시 몇 분에 정확하게 밥을 차려달라, 가서 바로 먹을 수 있게" 이런 식으로 예약 다 해놓은 상황에서 말이죠.

순간적으로 선택을 해야 되는 상황이 됩니다. 내 앞에 온 손님분을 2조 직원에게 봐 달라고 손님을 옮겨 드린 후 밥 먹으러 간다거나, 아니면 2조 직원 한 명을 빼서 먼저 점심을 먹으러 가게 하고, 내가 2조로 점심을 먹는다.

이런 식으로 결정을 해서 절충을 해야 하는 상황이 되어버립니다. 전 창구가 꽉 차있고, 점심시간엔 은행원이 절반으로 줄어 서로 손님 처리하느라 바쁜 마당에 40분 동안 교대로 점심밥 먹고 오느라 예민해져 있는데 이런 경우 참 난감한 상황이 되는 거죠. 은행원 생활할 때 온전히 시간 정확하게 맞춰서 점심을 먹게 되는 경우는 평균적으로 1년 중 절반 정도밖에 되질 않았던 것 같습니다. 꼭 밥 먹는 중에 고객이 찾는다든지, 밥 먹기 직전에 처리시간이 긴 손님이 걸린다든지 이런 변수들이 생겨 점심시간 때만 되면 스트레스를 받았던 것 같습니다.

그래서 일선 영업점에 오랜만에 나오신 본부 출신 팀장님이나 일반 행원 중에서도 노조나 이런 데서 조금 생각 있으신 분들은 "선진국처럼 점심시간 1시간을 그냥 직원 전체 창구업무를 보지 말고 휴게를 하는게 어떠냐" 이런 말들이 예전부터, 몇 년 전부터도 사실 많이 나왔던 거죠.

그럼 일반회사 직장인 입장에서 살펴볼까요. 직장인분들 점심시간 1시간 내에 은행에 다녀오는 것 상당히 부담스럽습니다. 일반 회사 직장인 입장에서도 점심시간 1시간은 너무너무 소중하거든요.

가고자 하는 은행이 회사 코앞이 아닌 이상 점심시간 때가 되면 회사에서 빠져나와 은행까지 가야 하는 시간이 최소 5분~10분 정도 걸리고 은행에 들어가면 창구는 은행원들 없어 텅텅 비어 있는 것 같고 은행원 절반은 점심 먹으러 나가 있으니까요.

번호표 뽑은 다음 또 앉아서 기다려야 하는 거죠. 운 좋게 번호 뽑자마자 부르면 그나마 나은데 앞에 손님들이 밀려 있으면 또 5분~10분 또는 그 이상 기다려야 은행 업무를 볼 수가 있는 것이죠. 그럼 점심시간에 회사에서 나와 창구에서 은행 업무 보기 시작했는데 이미 점심시간 30분 정도를 그냥 날려버리고 난 이후가 되는 거죠.

은행 일 다 보고 회사 들어가면 1시 거의 다 되거나 시간 조금 오버되어도 "은행 다녀오느라 조금 늦었습니다" 이렇게 말을 하면 되는데 사실 젊은 직장인들 입장에서 이거 매우 눈치 보이는 일이 됩니다. 점심도 먹지 못했거나 회사 근처 편의점이나 제과점 같은 데 들어가 빵이나 우유 대충 사 먹고 회사로 돌아왔을 텐데요.

회사에서 눈칫밥 먹는 젊은 직장인들은 중간에 나와 은행 한번 가기도 이렇게 어려운 경우가 많습니다.

이런 상황이다 보니, 은행 금융노조에서 "점심시간 1시간 휴게하자"라는 말을 꺼내면 바로 가장 화나는 사람들이 회사에서 바쁘게 살고 있는 젊은 직장인분들입니다. 이건 뭐 방법이 없거든요. 점심시간 말고 일과 중에 중간에 상사한테 보고하고 은행에 다녀온다고 말할 수 있는 회사가 얼마나 될까요? 거의 없다고 보시면 됩니다.

만약 은행 점심시간 휴게 1시간이 도입되면 도시의 젊은 직장인들은 은행 한번 가려면 그날 오전이나 오후 반차를 쓰거나, 아니면 하루 휴가를 내거나 해서 은행 가려고 휴가를 사용해야 하는 상황이 되어 버리는 것이죠.

이렇게 점심시간 논란에서 은행원의 입장과 고객인 직장인들의 입장의 관점의 차이가 큰 것입니다.

지금까지 여론과 판세 돌아가는 형국을 보고 제가 개인적으로 분석을 좀 해보면 이렇습니다.

1) 금융노조에서는 은행원 점심시간 논란을 크게 만들고 추진하는 게 큰 이득입니다. 점심시간 1시간 휴게를 노조에서 주장하면 그 노조 집행부는 수만 명 금융노조원이 있는 은행 내부에서 큰 호응을 얻을 수가 있습니다.

2) 은행원이 아닌 직장인들의 입장에서는 거의 100% 직장인들은 은행 점

심시간 1시간 휴게에 반대할 겁니다. 이는 일반 직장생활을 해본 입장에서 점심시간에 은행 일을 못 보는 것은 너무나 불합리하고 은행 자체에 대한 거부감마저 들고 어떤 명분도 없어 보이는 상황이 되기 때문입니다. 또한 은행원들이 1시간씩 교대를 못 하고 20분~40분 만에 게눈 감추듯 밥을 먹고 교대를 해야 하는 상황, 그런 은행 내부 사정을 이해를 못 하기 때문입니다.

3) 이렇게 큰 판세의 여론화는 양쪽의 입장을 모두 놓고 봤을 때, 국민 중 어느 쪽 편을 드는 사람이 많은지 살펴봐야 합니다.

안타깝게도 은행 점심 휴게를 반대하는 직장인 및 일반 국민편을 드는 국민이 더 많은 상황이고 이에 대한 국민의 은행에 대한 여론도 매우 좋지 못한 상황입니다.

결국 이번에도 크게 논란이 한번 되었다가 점심시간 휴게는 못 하고 흐지부지될 것 같아 보입니다.

이번 일로 은행 내부에서는 자정도 필요해 보입니다. 점심시간 1시간 교대로 하는 것과 40분 교대로 하는 것과 어차피 창구 밀리는 건 똑같은데 "직원들 점심시간 40분 안에 밥 먹고 창구에 앉아라" 이렇게 못 박아놓지 마시고 직원들 1시간씩 밥 먹고 교대할 수 있게 은행 오래 다니신 꼰대 팀장님들, 꼰대 지점장님들 생각부터 바꾸시는 게 맞지 않나 생각을 해봅니다.

점심시간 논란은 예전부터도 은행 내부에서도 찬반 여론이 팽팽한 걸로 알고 있습니다. 창구업무를 직접 보는 젊은 은행원들은 40분 점심시간 짧은 거에 불만이고 은행 오래 다녀 산전수전 고생 다 하시고 팀장급 이상 되신 분들은 약간 예전 꼰대 마인드로 창구 직원 점심시간 1시간 되는 거 못마땅

해하십니다.

그 심리는 "그렇게 되면 창구 밀리고 고객들 힘들게 된다" 이런 생각이 절반이요, "나 때는 안 그랬는데 요새 젊은 애들 이상하다" 이런 심리가 반이라고 생각이 듭니다.

추가적으로 은행원들 보통 아침 8시 정도에 출근을 해서 9시 영업 준비를 합니다. 오후 4시 손님 마감하고 일 끝나는 게 아니라 더 바쁘죠. 6시~6시 30분은 되어야 퇴근할 수 있습니다.

제가 볼 때는 본부랑 다르게 영업점들은 오전에 다른 직장인들보다 1시간 더 빨리 출근해서 일하는 문제가 더 크다고 생각이 됩니다. 점심시간은 교대시간을 1시간 늘리면 어느 정도 외부 여론이나 은행 내부 여론의 절충점을 찾을 수 있겠지만 사실 아침 8시 출근하는 문제는 아주 고질적인 1시간 초과 근무니까요.

이런 얘기를 하면 밖에서는 또 이런 말을 하죠. 그런거 다 감안해서 "금융권이 연봉 많이 월급 많이 주는 거다" "하기 싫으면 하지 마 다니지 마, 들어가려는 사람 줄섰다" 뭐 이렇게 말하시겠죠….

: 은행 방문하기 좋은 꿀 날짜

마무리하면서 직장인들이 점심시간에 은행에 방문하기 좋은 날짜가 언제인지 알려드릴게요.

직장인들이 은행에 평소엔 잘 안 가시는데요. 인터넷 이체하다가 잘못 조작해서 비밀번호 3번 틀린 경우는 급하게 은행에 가셔야겠지만 OTP 카드 배터리 다 돼서 바꾸러 가실 때, 보안카드 분실했을 경우, 체크카드나 신용카드 분실신고 해놓고 재발급 하러 가실 때나, 마이너스 통장이나 담보대출 만기 연장하러 방문하시는 경우는 나름대로 시간적 여유가 있으시니 날짜를 정해서 가실 수도 있는 부분이니 이런 직장인분들을 위해 은행 방문 꿀 날짜 정리 한 번 해봤습니다.

1) 은행에 손님 많은 날

(1) 매월 말일

월말엔 항상 손님들이 많습니다. 월 결산업무도 있고, 가스비, 관리비, 세금 등 공과금을 말일에 내시려고 몰려오는 고객님들이 정말 많습니다. 창구수납 안 하고 공과금 수납기를 통해서 다 내고 가시지만 사람이 많이 오시면 이것저것 많이 물어들 보시고 부수적인 창구업무도 같이 보고 가려고 하시기 때문에 은행업무에 로드가 많이 생깁니다. 따라서 말일은 피하시구요.

(2) 3월, 6월, 9월, 12월 말, 분기 말

말일에 분기 말이라 항상 바쁩니다. 당연히 피하시는 게 좋습니다.

(3) 매주 월요일, 금요일

항상 평균 이상으로 바쁘더군요.

(4) 군인, 교사, 공무원 월급날과 월급 바로 다음 날

월급 나오는 날과 그다음 날은 되도록 피하시는 게 좋습니다. 10일~11일, 17일~18일, 20일~21일, 25일~26일 이 정도 날을 말하는 겁니다.

급여일 다음 날은 사모님들께서 통장 여러 개 들고 오셔서 공과금도 내시고 이체도 하시고 이것저것 통장기장도 하시면서 남편 얘기, 자식 얘기도 좀

하시고 가십니다.

지점 근처에 군부대가 있거나, 공공기관이 있거나 하면 해당 직업군의 급여일과 그 다음날은 다른 날짜에 비해 상대적으로 손님이 많습니다.

⑸ 노령연금 나오는 날 25일

아침 새벽부터 시골에서 버스 타고 오셔서 노령연금 타려고 기다리고 있다가 9시 땡 하면 우르르 오시는 그날이 바로 25일입니다. 이날은 연금일과 급여일이 겹치기 때문에 은행에 매달 최고로 창구 입출금 손님이 많은 날입니다.

⑹ 설날이나 추석, 명절 연휴 직전과 직후

잘 아시다시피 명절 전후 날짜는 은행 창구 대박 미어터지는 날이죠.

이날도 피하셔야겠죠.

⑺ 연휴가 긴 공휴일 직전 영업일과 직후 영업일

역시 사람이 많습니다.

2) 은행에 손님 적은 날

⑴ 수능 날 오후 4시~5시 사이

이 시간대, 정말 꿀 시간입니다. 수능 당일이라 1시간 늦게 열고 1시간 늦게 마감하는 걸 아시지만 국민은 은행시간 4시로 알고 거의 창구에 안 찾아오는 시간대입니다.

⑵ 매월 첫째, 둘째주 평일 화요일, 수요일, 목요일

은행에 방문하면 그나마 오래 안 기다리고 은행 업무를 보실 수 있습니다.

⑶ 12월 첫째, 둘째, 셋째 주

이 기간은 대부분 은행이 1년 농사 마감하고 인사고과도 끝난 기간이라

실적 경쟁을 덜 하는 기간으로 상품 상담시간이 줄어들고 객장에 손님이 많아도 번호가 빨리 빠져 대기시간이 줄어드는 경향이 있습니다.

(4) 천재지변 등의 사유

메르스 같은 대유행병 도는 시즌이 오면 은행에 손님이 없습니다. 그리고 미세먼지 심한 날, 눈 많이 오는 날, 비 많이 오는 날, 매우 추운 날 손님이 많이 줄어듭니다. 반대로 미세먼지 좋아지고, 눈 그치고, 비 그치고, 춥다가 갑자기 따뜻해지면 그동안 안 오셨던 손님들 갑자기 창구에 몰려 확 늘어납니다.

(5) 7월 중순 ~ 8월 중순

휴가철이라 손님이 줄어드는 기간임과 동시에 은행원들도 번갈아 가며 하계휴가 가는 기간임에도 손님이 적어진다는 느낌을 받는 기간입니다.

도움이 좀 되시려나요? 제가 정리해 드린 날짜 골라서 가셨는데 손님 많고 오래 기다리셨다면 그건 케바케(case by case)라고 생각하시고 저 원망하지 마세요.

중소기업 1,000만 원

: 대기업 노력하다 안되면 정신적 지지가 뒷받침되어야…. 내 자식 남의 자식 직장 비교하지 마세요. 자식 비뚤어집니다…

정부가 1년에 천만 원 이상씩 세금을 투여해 중소기업 고용을 늘린다고 합니다. 연봉 2,500만 원에 1,000만 원을 지원받아 대기업 수준의 3,500만 원 연봉 보장, 사회생활 경험이 없는 젊은 청년들 입장에서 혹합니다. 당장 취업이 걱정이니 혹할 수밖에 없습니다. 그런데 전 생각이 좀 다릅니다. 급하다고 하향지원을 해도 되겠지만 일단은 최대한 노력해 최대한 좋은 자리에서 직장생활을 시작하는 게 좋습니다. 하다가 하다가 안 되면 하향지원할 수밖에 없지마는….

이 글에서는 대기업-중소기업 격차 얘기를 해보려고 합니다. 정부 지지층인 20~30대 청년실업률이 워낙 높아 정부가 고육지책으로 내놓은 정책으로서 정책 자체를 비판하기 위함은 아닙니다. 신념이 있는 정부라면 당연히 해야 할 일인 것이죠.

대기업과 중소기업의 차이는 정부가 명목상 받는 월급을 같은 연봉으로 맞춰준다고 해서 극복이 가능한 부분이 아닙니다. 이는 기업의 계층구조를 생각해 보기만 해도 답 나오는 문제입니다. 예를 들면 ㅇㅇ자동차는 종합회사로 각종 부품을 협력업체로부터 조달받습니다. 부품 조달은 자회사나 협력업체, 계열사로부터 이루어지고 또 이 자회사나 협력업체는 또다시 아래로 하청을 주는 경우가 많습니다. 하청에 재하청, 재하청 단가를 아끼고 책임을 분산시키려 하는 것이죠.

대기업 구매팀에서 1,000억가량의 부품 납품계약을 맺으려 합니다. 그 1,000억 사업 따내려고 협력업체들 줄을 서겠죠. 기본적인 회사 자체 경쟁력뿐만 아니라 학연, 지연, 인맥, 각종 로비를 통해 평가를 잘 받고 잘 보여 사업을 따내려고 합니다. 그래서 돈을 주는 대기업과 돈을 받아야 먹고 사는 협력업체 사장이 갑-을 관계가 형성됩니다. 50~60대 중소기업 사장이 20~30대 대기업 구매팀 과장, 대리급한테 아부 떨며 쩔쩔매야 하는 상황이 되는 겁니다.

비단, 이런 갑-을 생태계 문제 말고 더 중요한 건 대기업과 중소기업의 스케일이 너무나 다르다는 겁니다. 대기업은 부서별 업무분담이 잘 되어있고 5

년~10년 다녀 어느 정도 중견 사원이 되면 출장도 많이 다니고 해외 출장도 좀 다녀보고 중요한 회의나 사업입찰 같은 것도 경험하고 또 본인 다니는 회사뿐만 아니라 같은 그룹 내 계열사들과 협업을 해보기도 하면서 큰 그룹이 어떻게 움직이는지 그룹 계열회사들의 조직구조와 인사, 사업구조 이런 것들을 내재화하기 시작하면서 시야가 급격히 넓어집니다.

중소기업도 기술력 있고, 매출대비 영업이익이 아주 잘 나오는 알짜회사가 분명 있습니다. 또한 대기업 임원 출신이 낙하산 바지사장으로 내려와 있어 회사의 대기업 구매팀의 갑질에 휘둘리지 않고 이런저런 정치적 방패막이를 잘 해주는 중소기업도 분명 있습니다. 이런 중소기업 들어가면 운이 좋은 거죠.

그렇지 않은 일반 협력업체성 중소기업들은 정말 죽어납니다. 중소기업 안에서 가장 힘들고 가여운 사람은 다름 아닌 사장이라고 생각합니다. 직원들은 사장을 싫어하는 경우가 많습니다. 그런데 태생이 큰 회사에서 돈을 받고 물건을 납품해야 직원들 월급 주고 회사가 유지돼야 하는 구조이기 때문에 중소기업은 사실 사장분들이 제일 힘듭니다. 이런 구조이기 때문에 필연적으로 그 아래 직원들도 힘이 들 수밖에 없습니다.

정부에서 월급을 많이 보전해 주어도 직장 생활 '을'이 되어 물건 납품받는 대기업에서 나오면 회식 가서 알랑방귀 떨어줘야 하고 나보다 젊은 대기업 직원들한테 아부 떨며 '갑'질 당하며 회사 생활해야 합니다. 더구나 큰 회사 들어간 대학 동기랑 1년 후, 2년 후 3년 후 만날 때마다 대화해 보면 대화의 스케일이 너무나 차이 나 누구는 큰물에서 놀고 난 작은 물에서 놀면서 뒤처진다는 생각을 지울 수 없게 됩니다.

좋은 회사 좋은 자리는 한정되어 있고 들어가려는 사람은 많습니다. 청년들의 눈높이는 매우 높습니다. 직접적으로 가장 싫은 건 비교 당하는 것입니다.

나는 중소기업 들어가서 연봉 2,500만 원에 정부 지원 1,000만 원 받는데 퇴근해서 집에 가면 부모님 중에서 특히 어머님들은 이런 말을 많이들 하십니다. "누구 집 아들은 어디 대기업 들어가서 월급 350 받는다더라" "누구 집 딸은 어디 들어가서 월 400 받는다더라" 이렇게 본인 자식들 앞에서 은연중에 말하면서 중소기업에 다니는 자식 힘 빠지게 하고 자괴감에 빠지게 합니다.

부모님들 제발 이런 거 비교하지 마세요. 청년들이 가장 싫어하고 중소기업 기피하고 대기업 들어가려 하는 게 이렇게 집에서부터 시작되는 중소기업에 대한 사회적 인식 때문입니다. 내 집에서조차 내 자식 직장에 불만 있어 대기업 다니는 남의 자식하고 비교해 설 자리 없게 만드는데요…. 물론 부모 마음이 다 그런 건 압니다.

남 못지않게 귀하게 키운 아들 좋은 직장 못 간다고 너무 구박하지 마세요. 비뚤어집니다. 최대한 노력해 보고 안되면 어디라도 열심히 성실하게 다녀야죠. 그런 경우는 집에서 든든하게 정신적 지지를 해주셔야 합니다. 아시겠죠!

공무원 갑질 사라질 수 없는 이유

참 이상하죠. 국민이 낸 세금으로 월급을 받는데. 이 세금으로 월급을 받는 공무원은 직위가 올라갈수록 갑이 되어 갑니다. 필자는 업무의 성격상 공무원들과 일을 많이 해봤습니다. 지금은 이전해서 없지만 과천정부청사를 일주일에 2~3번씩 밥 먹듯 들락거렸었죠.

아무리 개혁을 해도 공무원 갑질이 왜 없어질 수 없는지 그 구조적인 내용을 풀어볼까 합니다.

행정부 산하에는 많은 행정부처가 있습니다. 그 부처별로 집행해야 할 예산도 다 있습니다. 그 예산은 공무원들이 1년 동안 집행해 소진해야 하는 예산이죠. 이 돈으로 부처비품 사는 데도 쓰지만 대부분 큰돈은 사업발주를 내서 소진합니다. 기존에 해왔던 사업의 유지 보수에도 쓰이고 대규모 신사업 발주비용에도 예산이 들어갑니다. 구체적으로 사례를 들면서 예를 들어드릴게요.

요번에 평창올림픽으로 건설사업이 많았죠. 경기장을 짓는 비용, 고속도로 정비 확장하는데 비용, KTX 철도 건설에 드는 비용 기타 등등 이런데 뭘 짓고 하려면 예산을 써야 됩니다.

경기장을 짓는 비용을 생각해 보죠. 경기장을 공무원이 지을 수가 없습니다. 공무원은 국가 예산, 돈만 쥐고 있는 거예요. 그 돈을 건설업자한테 주고 경기장을 지어라, 이렇게 시키는 겁니다. 이 부분에서 공무원이 돈을 주는 입장의 갑이 되는 거죠.

경기장 하나를 크게 지으려면 공무원이 자기 마음에 드는 건설회사에 무턱대고 맡길 수 있는 건 아닙니다. 그랬다간 큰일 나죠. 공평하게 경쟁 입찰을 해야 하므로 조달청에 발주 공고를 냅니다.

예를 들어 "언제까지 1,000억 원 규모의 경기장을 지어야 되니까 공사하고 싶은 회사는 입찰 들어오세요" 이렇게 공고를 냅니다. 그럼 회사별로 제안을 합니다. 제안팀에서는 경기장 드는데 비용을 계산해보고 회사 마진까지 얹어도 800억 정도면 지을 수 있겠다. 생각되면 기술제안서 작성하고, 가격 900억, 850억 이렇게 써서 입찰을 합니다. 800억 정도에 지을 수 있다면 다른 회사도 800억에 지을 수 있다는 뜻이 되구요. 그래서 입찰해 보면 800~850억 사이에 대부분 입찰이 들어옵니다. 그럼 기술평가 80점+가격평가 20점 이렇게 평가를 해서 낙찰받은 회사가 경기장을 짓는 구조입니다.

가격평가는 낮은 입찰가격을 쓴 회사가 20점 만점 받고, 높게 쓴 회사들은 점수가 깎이는 구조입니다. 만점이 20점 이기 때문에 저가 입찰로 긁어서 들어오는 회사만 없다면 크게 차이는 날 수 없는 구조이죠.

그런데 80점 만점인 기술평가는 누가 할까요? 공무원들이 할까요? 그럼 비리가 바로 생기죠. 그래서 조달청에서 전국의 사업 관련학과 대학교수들 풀을 만들어 놓고 해당 교수들을 평가위원으로 부릅니다. 그리고 제안서 발표회를 열어서 경쟁 PT를 시키는 거죠.

날짜 정해 입찰회사 다 모아서 발표시키고 교수들 Q&A 해서 회사가 경기장 건설에 얼마나 강점이 있는지 평가에서 기술점수를 매깁니다. 이 점수가 80% 차지하고 가격이 20% 차지를 하는 거예요.

예전에 모 고발 프로그램에서도 나왔지만 이런 구조이기 때문에 금액이 큰 입찰사업의 경우 평가 전날 평가 교수 명단을 입수해 집에 밤늦게라도 막 찾아가 상품권이나 현금다발 뇌물 뿌리는 겁니다. 보통 사업 하나에 기술평가 교수님들이 6명~9명 정도 들어옵니다. 그중에서 3~4명만 포섭 잘해도 평가 당락을 결정지을 수 있는 구조입니다. 그래서 대학교 정교수들이 힘이 있고 사회적 책임이 있는 것이죠. 즉 언제든지 어마어마한 예산의 국책사업 평가권자가 될 수 있다는 뜻입니다.

그리고 풀로 들어있기 때문에 언제 어느 상황에 우리 회사 사업 입찰평가자로 들어올지 모르기 때문에 미리미리 사업 관련 메이저 학과 실세 교수들한테는 연구용역을 주거나 해서 사전에 인맥을 다 만들어 놓습니다. 그래서 "힘 있는 정교수들은 연구비도 많이 들어온다. 그래서 예산 빵빵 잘 쓰고 풍족하다" 이런 얘기가 대학원생들 사이에서도 나오는 거죠.

때로는 이 교수 인맥으로 추천해 제자들 대기업 취직도 잘 시키는 시절도 있었습니다. 주변 친구 중에 학사경고 몇 번 맞고 취직 안 될 것 같아 학점 세탁하려고 대학원으로 도피한 친구가 나중에 보면 일류 대기업에 취직한 경우가 있는데 대학원 생활 열심히 해서 힘 있는 교수가 추천하면 저렇게 취직이 잘 되는 경우도 사실 예전에는 많았습니다.

이렇게 사업입찰 평가는 어찌되었든 공무원이 안 하고 교수들이 해줬습니다. 그렇게 낙찰을 받은 회사가 생기겠죠. 기술력 좋고 영업력 좋고 인맥관리

잘한 회사들이 큰 사업은 대부분 수주를 해서 공사합니다. 결국은 그래 봐야 대기업들이죠. 어떻게 보면 나눠 먹기로 비칠 수 있지만. 실력이 비슷하고 영업력도 비슷하기 때문에 통신사들 고객쟁탈전 비슷하게 경쟁이 엄청 심합니다.

하여튼 수주받은 회사는 이제 사업을 따내서 공사를 하게 되었습니다. 이제부터가 시작입니다. 본격적으로 일은 담당 공무원하고 합니다. 이를 공무원 감독관이라고 하죠. 쉽게 말해서 사업 관리 감독하고, 진행에 따라 직접적으로 예산을 집행해서 회사로 주는 역할입니다. 이 사업의 시작은 착수계획 보고부터 합니다.

큰 사업이 이제 시작된다고 하면 착수보고회를 크게 해야 합니다. 공무원들이 열심히 노력해 기재부에서 따온 예산을 집행하는 사업이기 때문입니다. 대대적으로 홍보한 사업이 시작되는 겁니다. 장관도 부르고 관련 국회의원도 부르고 언론에 내보내야 하니 기자들도 부릅니다. 진짜 큰 사업은 대통령까지 와서 연설합니다. 그럼 행사하는데 몇천만 원, 1억 이렇게 쓰는 경우 많습니다. 행사 플랜카드 만들고 장소 대관하고, 출장뷔페 부르고, 필요하면 해외 이런 데서 온 분들 호텔에 다 숙박시키고 이런 비용들이 모두 사업비용에 포함되어 있다는 거죠. 그 말인즉 공무원이 국가 예산으로 수주한 회사에 줄 비용에 그런 행사비용도 모두 포함되어 있고 그 돈은 발주처 공무원한테 받아서 대기업이 집행해 쓰는 구조라는 뜻입니다.

예를 들어 1,000억짜리 공사면 공사 시작 전에 최소 20% 이상은 선수금으로 받습니다. 200억을 공무원이 먼저 주죠. 그러면 그 돈으로 설계 이런 거 하고 착수보고회 이런 거에도 돈 쓰고 사업장 차리고 이런 데 쓰게 되는 겁니다. 중간중간 준공될 때마다 돈을 띄엄띄엄 또 받는 거죠. 이걸 기성 대금이라고 합니다. 그래서 사업의 수주는 대학교수들의 평가가 중요하지만 사업의 진행에 있어 공무원 감독관의 파워가 엄청 세질 수밖에 없는 구조입니다.

애초에 그 사업을 기획하고 만드는 걸 대기업에서 도와는 주지만 그 주체는 공무원들입니다. 그 예산을 따내려고 부처 공무원들은 기획재정부에 가서 예산을 달라고 사정하는 거죠. 그래서 기재부 공무원들이 파워가 제일 센 거구요. 2,000억짜리 사업 한다고 예산 달라고 기재부 가면 삭감당해 1,000억밖에 못 받는 경우도 많습니다. 그렇게 어렵게 따온 1,000억짜리 사업을 대기업에 발주하게 한다고 생각해 보세요.

공무원 입장에서는 "내가 어렵게 연구보고 올리고 사업보고서 올려서 기재부가서 어렵게 따온 예산인데" 하면서 대기업한테 일 시키면서 돈 줄 때는 이제 자기가 갑이 되는 겁니다.

실제로 공사가 마음에 들지 않거나 이럴 때 공무원이 엄청나게 갑질을 하거나 폭언을 하는 경우가 많은데. 이때 주로 하는 말이 "내가 이 사업 예산 따려고 얼마나 노력했는데 당신들 일 이따위로 할래" 이런 말 자주 하고 듣습니다. 저렇게 실제로 공무원들이 업체들한테 갑질을 많이 합니다. 밖으로 잘 드러나지도 않아요. 갑질 논란 이런 게 뉴스에 나와야 회사 입장에선 좋을 게 없으니까요.

회사 이미지, 회사도 돈을 벌어야 하는데 그 돈은 공무원이 주는 예산으로 매출이 올라가니 감독관인 공무원의 갑질도 다 받아주고 혹시라도 밉보일까 아주아주 잘해줍니다. 그래야 일이 편해진다는 걸 알거든요. 심지어는 그냥 아예 법인카드를 공무원한테 주고 그냥 써라. 이렇게 공무원한테 카드를 아예 주는 경우도 있었다고 하죠. 예전에 말하는 겁니다.

회사 입장에서는 사업 착수부터 중간중간 기성대금 받아야 하고 준공하고 준공대금 제때 받아야 하기 때문에 이렇게 회사들은 감독관 공무원에 목이 쥐어진 상태로 사업을 하게 됩니다. 제때 일해서 제때 돈을 받아야 하거든요. 계약서 보면 준공이 늦어지면 지체보상금 물게 되어있습니다. 사업에 따라 다르지만 지체보상금은 납기일 하루 넘어갈 때마다 0.1%씩 물립니다. 1,000억에 0.1%면 하루에 1억 지체보상금이죠. 엄청나죠. 그래서 수백억~천억대 큰 사업의 경우 감독하는 공무원의 파워가 장난 아닙니다. 그냥 절대 갑이라고 보시면 되구요.

그 감독 공무원들도 사실 스트레스 엄청 받습니다. 사업이 진행이 잘 안 되서 결과가 안 나오면 그에 대한 책임은 공무원이 다 뒤집어쓰거든요.

만약 회사가 정말 잘못해 수습 못 하고 지체보상금 물었다, 그러면 "담당 감독 공무원이 관리 감독을 못 해서 그런 거 아니냐" 이런 말이 또 공무원 내부조직에서는 나오더군요. 그래서 회사나 공무원 둘 다 잘해서 적정선에서 열심히 노력해 일하고 마무리 짓는 게 보통입니다. 그런데 그 내부에서 서로 관계는 사실 갑-을 관계가 형성될 수밖에 없는 것이죠.

아무리 선하고 정직하고 청렴한 사람이라도 저렇게 관리 감독하는 자리에 오래 있으면 자기도 모르게 변하게 되기도 합니다. 자리가 사람을 만드는 법입니다.

항상 회사 업자들이 찾아와 알랑방귀 떨고 아부하고 좋은 소리만 해주고 대우해 주는데 사람이 안 변하겠습니까. 갑의 성격으로 변하는 거죠.

그런데 이런 공무원들도 본인들은 정작 갑이 아니라고 생각하더군요. 갑이 하고 싶어서 행정고시 봐서 들어왔는데. 들어와 보니 진짜 갑은 국회의원, 정치인, 기자들이라고 하더군요. 정부청사 공무원들 국감받으면 일주일, 한 달 밤새워서 일하더군요. 물론 관련 자료 때문에 관련 업자들도 같이 고생하면서요. "무슨 국감 대비 자료 만들어라" "보고서 만들어 주세요" 이러면서 말이죠. 국감 때면 골치가 같이 빡빡 아픕니다.

제 글 다 읽으셨으면 국민의 세금인 국가 예산이 어떻게 집행되는지 큰 그림이 보이셨을 겁니다.

국민은 열심히 벌어서 세금 내고 → 기재부에서 국가 예산 뿌리고 → 각 부처는 그 예산받아서 쓰고 → 일해서 사업대금 받은 회사는 직원들 월급 주고 → 직원은 월급받아서 또 세금 내고 → … 이런 순환구조입니다.

이런 구조이기 때문에 공무원은 돈을 주는 입장이라 갑, 회사원은 일해주고 돈을 받는 입장이라 을이 되는 것이죠. 이해 잘 되셨나요. 참 웃기고 웃프고 그렇네요. 쉽게 이해되셨죠?

2등 해도 낙찰이 가능한 조달청 사업

: 누구도 예측할 수 없는 대형발주사업 낙찰의 요상 신기한 비밀

필자는 전 글에서 공무원이 왜 갑질을 할 수밖에 없는지 다루었으며 대형 공공사업 발주 시 조달청을 통한 입찰 구조 덕분에 평가자인 대학교수들의 권한이 매우 강하며, 또한 사업 내내 감독관인 공무원의 막강한 감독 권한 등의 내용을 다루었습니다.

전 글에서 빼먹은 아주 꿀잼인 부분이 있는데요. 치열하게 영업조직을 활용해 평가위원 몇 명을 포섭하고 평가발표회 Q&A 저격수를 심는 일을 해도 막상 낙찰을 해보면 엉뚱한 결과, 엉뚱한 회사가 수주를 하는 경우가 나오는 경우가 있는데 저도 한번 경험해 봤거든요.

내용은 이렇습니다. 간단하게 낙찰 결과를 표로 정리해드리고 이어가 보도록 할게요.

보통 조달청 입찰의 경우는 가격평가가 20%, 기술평가가 80%입니다. 기술평가는 제안발표회 때 교수진들이 평가 들어와서 조견표 항목대로 항목별 점수를 매겨 합산한 결과이구요.

구분	점수	환산 점수	비중
A회사 입찰금액	96	17.708	20%
A회사 기술점수	95	76	80%
A 종합점수		93.708	
B회사 입찰금액	85	20	20%
B회사 기술점수	92	73.6	80%
B 종합점수		93.6	
C회사 입찰금액	91	18.681	20%
C회사 기술점수	94	75.2	80%
C 종합점수		93.881	낙찰

▲ 100억 사업 낙찰 결과 예시. A, B, C 회사 3개사 입찰

문제는 가격평가입니다. 100점 만점에 최대 비중이 20%인데요. 입찰가격을 낮게 쓰면 최대한 낮게 쓴 회사가 만점인 20점을 가져가고, 그보다 높게 가격을 쓴 다른 회사는 상대평가에 따라 점수가 바뀌어 버린다는 것이죠.

가격평가 산술식=20점 만점×(최저입찰가격/당해입찰가격)

따라서 위의 낙찰 결과 사례를 보면 A 회사는 기술평가가 매우 우수해 95점을 맞았지만 그걸 자신했는지 가격은 96억을 써서 들어왔네요.

B 회사는 기술평가가 92점으로 저조하지만 그걸 만회하려고 가격 긁어 85억으로 입찰을 들어왔습니다. 애초에 예산 100억짜리 사업을 85억에 하겠다고 입찰을 들어온 거예요. 저걸 속된 말로 업계에선 '긁는다'라고 합니다.

최악의 경우 무조건 사업을 따내려고 50억, 60억까지 긁어서 들어오는 경

우도 간혹 있습니다. 상대 회사 입장에선 미치는 거죠. 물론 저렇게 50~60억 긁어서 사업 따내면 그 사업 따낸 회사도 죽어납니다.

그럼 C 회사를 볼까요. 기술점수 94점으로 2등을 했습니다. 가격점수 91억으로 들어와 이것도 2등입니다. 그런데 요상하게 기술평가, 가격평가 둘 다 2등을 했는데 종합평가는 93.88점으로 1등을 했습니다.

그럼 사업권은 C 회사가 가져가는 겁니다. 정확하게 말하면 '우선협상대상자'라고 하는 것이죠.

사업 계약 직전 협상의 우선 권한이 있다는 겁니다. 이 협상도 사실 쉬운 게 아닌 힘든 일이지만 협상에서 파투나는 경우는 거의 없으므로, 사실상 수주가 된 것으로 보는 거죠.

요번 내용은 업계 사정으로 좀 깊이 들어가다 보니 이해가 안 되는 분들도 있을 텐데요. 좀 쉬운 말로 요약해 드리면 이렇습니다.

1) 국가기관에서 하는 큰 사업은 공개적으로 경쟁을 통해 회사를 정한다.

2) 평가는 기술력 80%+가격 20% 합산에서 100점 만점 평가한다.

3) 기술점수 1등 해도 가격을 높게 써서 들어오면 점수가 깎인다.

4) 가격을 아무리 싸게 써서 들어와도 기술점수가 낮으면 점수가 깎인다.

5) 기술 2등, 가격 2등 둘 다 2등 한 회사가 몇백억짜리 사업에 낙찰되기도 한다. (종합점수는 1등이므로…)

A 회사, B 회사 미치죠. 특히 A 회사 같은 경우는 기술점수 자신해서 마진 많이 먹으려고 96억 써서 들어온 거거든요. 그런데 B 회사가 85억 긁어서 지르는 바람에 엉뚱하게 C 회사가 낙찰을 해버린 거죠.

구분	점수	환산 점수	비중
A 회사 입찰금액	96	17.708	20%
A 회사 기술점수	95	76	80%
A 종합점수		93.708	
B 회사 입찰금액	85	20	20%
B 회사 기술점수	92	73.6	80%
B 종합점수		93.6	
C 회사 입찰금액	91	18.681	20%
C 회사 기술점수	94	75.2	80%
C 종합점수		93.881	낙찰

참 신기하고 요상한 상황이죠? 저는 실제로 저렇게 사업수주되는 거 경험해 봤습니다. 100억대 사업이었는데요. 입찰 막판에 끝 500만 원을 내려서 제출했는데 그 500만 원 가격점수 차이로 사업 전체 등수가 바뀐 결과였다는… 참 웃픈 경험이었습니다.

PART 10

바보아저씨 일상소소

해외 한국식당 중 맛있는 집이 많은 이유

모 예능 프로그램에서 샘 오취리와 토니안이 가나에서 방문한 한국식당이 방영되었는데요. 방송을 보면서 해외파견 다니면서 해외 한국식당들이 생각나 관련 얘기를 좀 해볼까 합니다. 방송에서 가나의 한국식당에서 충무 김밥까지 파는 놀라움을 보였는데요. 사실 해외 각지, 생각지 않은 후진국에도 대부분 한국식당이 있습니다. 유명 대도시는 물론 정말 있을 것 같지 않은 후진국에도 한국식당은 다 펴져있어요. 참 대단합니다.

해외에서 운영하는 한국식당은 우리나라처럼 간단하게 몇천 원 주고 김치찌개나 순두부를 먹거나 값싸게 삼겹살 먹을 수 있는 대중식당의 개념은 아닙니다. 가나의 경우는 가격이 얼만지 모르겠지만 보통은 김치찌개가 10~15달러, 삼겹살 1인분에 20~25달러인 경우 많구요. 김밥 한 줄에 10달러 이상하는 경우가 많습니다. 한국에서 김밥 비싼 곳에서 먹어도 3,000~4,000원 정도니 배 가까운 금액을 지불해야 하는 것이죠.

이렇게 선진국 후진국 할 것 없이 해외 한국식당이 비싼 이유는 바로 식재료 조달 때문입니다. 방송을 보면 가나 한국식당의 경우 한국 쌀을 써서 밥을 지었죠. 그런데 가나 현지에는 한국 쌀이 없습니다. 있다 해도 수입품에 속하기 때문에 가격이 엄청 비싸겠죠. 쌀 말고도 된장, 고추장, 젓갈, 배추 등 기타 식재료는 현지에서 조달이 불가능한 경우가 많습니다. 그래서 식재료에 관심이 있는 식당 주인분들의 경우 가격을 비싸게 매길지언정 식재료는 타협을 하지 않는 분들이 더러 있습니다. 좋은 식재료를 위해 정기적으로 한국에 들어오셔서 장을 어마어마하게 크게 보시기도 하죠.

제가 아는 해외 거주 한국식당 사장님의 경우 정기적으로 한국에 들어가셔서 억 단위로 장을 보시더군요. 거의 6개월 정도 두고 사용할 김, 고추장, 된장, 쌀, 라면, 육류 기타 식재료 등을 구매하시고 부산항에 가서 식당을 운영하는 해당 국가로 식자재를 실은 컨테이너를 직접 띄웁니다. 6개월 장사할 식재료를 장을 억 단위로 보니 그 식자재 양이 컨테이너 한 짝이 꽉 찰 정도라고 하더군요.

그리고 연어나 고등어 같은 생선은 노르웨이나 캐나다 같은 곳에서 직접 공수받아서 사용한다고 하더라구요. 뭐 거의 기업형이라고 봐도 무방하죠. 그래서 어차피 한국까지 가서 식재료를 공수하는 마당에 식자재에 돈을 아끼지 않습니다. 쌀을 사도 여주나 이천, 철원 쌀 중에서도 최고급 쌀을 컨테이너에 싣고 된장도 강된장, 고추장도, 김도, 최고급 품질의 식재료를 골라서 산 다음 컨테이너에 싣게 되죠.

그래서 그 식재료를 실은 컨테이너선이 싱가포르를 거쳐 해당국으로 들어오면 그것도 신고해서 통관까지 해서 해당 국가에 실어온 다음 별도로 식재료 냉장, 냉동 창고에다 보관하고 장사를 하는 겁니다. 그럼 운송비용, 통관비용, 보관비용이 추가로 들어가겠죠. 그러니 김치찌개나 된장찌개 한 끼에도 10달러 15달러에 파는 겁니다. 쌀도 최고급 쌀이고 된장도 강된장 최고급 된장이고 된장찌개 하나를 먹더라도 좋은 식재료가 들어가니 맛이 없으려야 없을 수가 없는 것입니다.

한국에서 대중식당에서 사 먹는 된장찌개를 생각하면 단가 때문에 아무래도 최고급 식재료는 넣을 수가 없는 데 반해, 해외 한국식당은 "어차피 비싸도 사 먹는다. 그럴 바엔 비싸게 파는 대신에 최고급 한국 공수 식재료를 쓴다" 이렇게 한국과는 개념이 좀 많이 다릅니다. 이렇게 어마어마한 식재료 조달에 돈이 드는 반면에 후진국 해외 한국식당의 경우 종업원 인건비가 매우 저렴한 장점은 있습니다.

직원 한 달 인건비가 10~20만 원 수준에 불과한 나라도 있으니 단순노동에 드는 인력을 한국보다 값싸게 더 많이 고용할 수 있고 여기에 1~2만 원 더 얹어 준다면 외국계 식당에서 일하는 프리미엄도 생기게 되므로 현지인을 잘 고용해서 교육을 잘 시켜 활용하는 분들이 많다고 합니다.

한번은 제가 여행으로 미국 라스베이거스에 간 적이 있었는데 거기도 한국식당이 있더군요. 갈비탕 한 그릇에 25달러가 넘었는데 캘리포니아산 최고급 쌀에 프라임 갈비를 듬뿍 넣은 갈비탕 한 그릇이더라구요. 좋은 쌀, 좋은 고기를 넣고 갈비탕을 끓이니 그 맛이 일품일 수밖에 없었습니다.

그래서 라스베이거스 호텔 뷔페를 한 번만 가보고는 그다음부터는 거의 매일 한국식당에서 밥을 사 먹었던 기억이 납니다. 해외의 모든 한국식당이 다 이렇다는 뜻은 아니고, 해외에서 어느 정도 큰 규모로 한국식당을 운영하시고 식자재에 관심이 많으신 분들의 경우 한국의 맛을 낼 수 있는 중요 식자재는 한국 현지에서 컨테이너를 띄워 조달하고 좋은 쌀 좋은 식재료를 사용해서 맛이 좋을 수밖에 없었다는 이야기였습니다.

여주 쌀, 이천 쌀, 철원 쌀, 호남평야 쌀이 기름지고 달고 맛있다는 걸 알게 된 계기가 해외 근무하면서 자주 다녔던 한국식당 때문이었습니다. 갑자기 그때가 그리워지는군요.

보스턴에서 만난 70대 한인 노부부

오늘은 미국 동부 보스턴을 여행하면서 만난 사람들 이야기를 써볼까 합니다. 보스턴이라는 도시는 유명한 하버드대학교가 있고 유럽에서 지척인 곳이라 뉴욕보다 훨씬 매력적인 유럽풍 도시에 이주 초기 정서도 남아있는 곳으로 도시 분위기가 매력적인 곳입니다.

저는 일주일 정도 보스턴을 여행하였는데. 당시 거주했던 곳이 보스턴 월섬(Waltham)역 근처 한국인 민박집이었습니다. 인터넷 사이트 어디를 우연히 서핑하다가 들어간 한인 민박 사이트였는데 전문적으로 운영하는 렌트 하우스가 아닌 일반 가정집이라고 하더군요. 보스턴 시내에서 기차를 타고 다녀야 하는 좀 먼 거리였지만 가격도 싸고, 급하게 점만 찍는 여행이 아닌 시간도 많은 자유여행이라 이 집을 결제하였죠.

동부 뉴욕에서 4시간 버스를 타고 보스턴에 도착하니 저를 마중 나온 민박집 사장님은 머리가 하얗게 셌고 약해 보이시는 70대 할아버지께서 나오시더군요. 민박집 홈페이지에 차로 데려다 주는 서비스를 한다고 해서 당연하게 부탁을 하였는데. 70대 노인분이 차를 끌고 나오셔서 제가 좀 미안하더라구요. 그렇게 그분과 인연이 시작되었습니다.

민박집에 도착하여 보니 제가 생각했던 것처럼 여러 사람이 묵으며 왁자지

껄한 그런 게스트하우스나 한인 민박집이 아니더라구요. 그냥 순수한 보스턴의 가정집이었습니다. 마을 들어가는 입구부터 여기는 조용한 단독주택이 모여있는 일반 가정집 동네라는 걸 알 수 있었습니다.

▲ 묵었던 보스턴 월섬 민박집 동네 전경

집에는 사장님 아내분도 계시더군요. 머리가 백발이 다되신 70대 할머니셨습니다. 두 한국인 노부부께서 이렇게 미국 동부에서도 끝인 매사추세츠주 보스턴까지 오셔서 살고 계시는 사연이 궁금했습니다. 영어도 서툰 한국인 분들인데 미국에 넘어와 35년 가까이 사셨다고 합니다. 그래서 첫날 짐을 풀고 저녁을 먹으면서 이 노부부와 이런저런 대화를 많이 하였습니다. 이분들은 한국에서 청년이 오니 이 청년이 어떤 사람인지와 그 사연을 들어보고 싶었을 겁니다. 민박집은 2층으로 되어있는 일반 가정집이었습니다. 1층에 거실이 있고 부엌이 크게 있었구요. 안방이 있었습니다. 2층에는 방이 2개가 있었는데 자녀들 분가하기 전에 사용했던 방 중 큰아들이 썼던 방을 내주시더군요. 방에는 책상 있고 침대 있고, 그냥 고등학생이 살았었던 그런 느낌이었습니다.

저녁을 먹으면서 70대 노부부의 사연을 듣게 됩니다. 30~40년 전 당시 미국이민을 하게 되는 보통의 코스인 미국에 아는 사람이 있어 비자 초청을 신청해 오랫동안 기다렸다가 부부가 같이 이민을 오셨다고 합니다. 올 때 두 아들이 있었는데 큰아들이 중학생이어서, 미국에 처음 들어와 아들이 고생을 많이 했다고 합니다. 아주 어릴 때 넘어온 게 아니라 중학생 때 이민을 온 것이라 가장 중요한 언어 학습에 매우 큰 스트레스를 받았다고 합니다. 아시안 차별 문제는 늘상 있는 일이구요. 그러함에도 큰아들과 작은아들은 어려움을 극복하고 치과의사, 회계사가 되었다고 합니다.

내심 그 애길 물어보길 원했고. 그 애길 해서 자식 자랑하고 싶으셨던 것 같습니다. 저는 그래서 엄청나게 진심으로 칭찬을 해드렸습니다. "이렇게 먼 나라 와서 어떻게 교육을 시켰으면 한국인 자식들이 저렇게 잘 컸나" "부러울 게 없으시겠다" 이렇게 계속 칭찬을 해드렸더니 어깨 으쓱 하시더라구요.

▲ 거주했던 민박집 1층 키친 식탁 모습

자식들이 고생해서 잘 커줬지만 이 두 아들을 잘 키워준 노부부는 이민을 와서부터 계속 세탁소를 운영하고 계신다고 합니다. 집 현관 거실에 영어로 "한인 드라이 클리너 골프모임"이라는 트로피가 보였습니다. 낯선 나라에 와서 세탁소 자영업을 하면서 고생이 많으셨다고 합니다. 지금도 아침 7시면 두 분께서 세탁소로 나가시더군요. 그래서 전 몇 년 전 홍콩에서 돌아오는 비행기 안에서 만난 세계여행 하시는 미국인 70대 노부부 분이 생각나 이제 자식들도 다 키워놓고 하셨으니 좀 쉬셔도 되지 않냐고 했더니, 자기들은 그렇게 못하겠다고 하시네요. 이제는 큰돈이 안 돼도 습관처럼 나가야 되고 또 그동안 단골도 있고 해서 그만두지 못하고 가게를 운영하신다고 하네요. 저 같으면 자식 다 키워놓고는 편하게 놀면서 여생을 보낼 텐데 부지런하시니 대단하다고 생각을 하였습니다.

한참 동안 밤이 늦도록 70대 노부부의 이야기를 신기해서 다 받아주었습니다. 며느리 얘기도 하고 사진도 보여주셨는데 그래도 미국에 온 아들들이 둘 다 며느리는 한국 여자를 두었다고 자랑하시더라구요. 그것도 제가 칭찬해 드렸습니다. 이민 1세 분들이 가장 고심하는 게 자녀들 한국인 며느리나 한국인 사위와 결혼시키는 거거든요. 하여튼 가족사진을 보여주셨는데 얘기를 하는 와중에 둘째 며느리 되시는 분이 집에 찾아오셔서 시부모님들 문안도 드리고 그러시더라구요. 큰아들은 4시간 거리인 뉴욕에 살고 있고 둘째 아들은 지척에 산다고 하더라구요. 부럽기도 하고 신기하기도 했습니다.

이렇게 민박집에 묵으면서 보스턴 시내 여기저기를 여행을 다녔는데, 시간의 제약이 없었던 관계로 시내 여행지, 사무엘 애덤스 맥주 공장, 하버드대학교, 당일치기로 동부 마인주 포틀랜드까지 마음껏 자유롭게 여행을 다녔었습니다.

한국에서 온 젊은 청년이 미더웠던지 4일째 되던 날 갑자기 노부부께서 저녁에 제 방문을 두드리더니 집 열쇠를 주시더라구요. 왜 그러시냐 했더니 그동안 말을 안 했는데 주말에 뉴욕에 가서 가족이 다 모이는 모임이 있다며 큰아들 내외, 작은아들 내외 손자 손녀 이렇게 다 모여서 오랜만에 만나는 날이라고 합니다. 그런데 손님한테 죄송해서 할아버지는 집에 남아계시고 할머니만 작은아들 내외랑 뉴욕에 가려다가 이렇게 다 같이 집 비우고 가도 되냐고 부탁을 하시는 겁니다.

전 이런 부탁이 고마웠습니다. 어떤 사람인지 알지도 못하고 단기 숙박을 하고 떠날 걸 아는 청년에게 집 열쇠를 다 맡기고 집주인이 1박 2일로 여행을 다녀오겠다는 겁니다. 그래서 전 무조건 오케이 했죠. 걱정 말고 다녀오시라고… 오랜만에 아들 손주 며느리 만나서 걱정 말고 아주 재미있게 놀다 오시라고, 집은 제가 열쇠로 잘 잠그고 다니겠다 그랬죠. 그랬더니 할머니께서 너무 좋아하시는 겁니다.

다음 날 아침에 늦잠을 자고 일어나보니 노부부께서는 아침 일찍 뉴욕으로 떠나신 모양이었습니다. 집이 텅텅 비어 있어 혼자 냉장고 열어서 라면 끓여 먹고 밥해 먹고 했던 기억이 납니다. 한국 외국에서 자취를 오래해 자유롭게 주인 없는 집에서 밥을 해 먹으니 전 오히려 좋더라구요.

그렇게 저는 이틀을 더 여행하고 일요일 저녁 노부부께서 집으로 돌아오셨습니다. 오시자마자 하시는 말이 집에 별일 없었나, 정말 미안하다. 이렇게 말씀하시길래, 전 오히려 집 안전하게 지켰고, 안 계셔서 더 편했다 이렇게 말씀드렸죠. 그리고 일부러 자식들 칭찬하시라고 여행 어떠셨냐, 재미있으셨냐, 손주들 잘 있냐. 여쭤봤습니다. 그런데 이 노부부 앉자마자 불만 타령을 하시더라구요. 왜 밥 먹고 팁을 그렇게 많이 주느냐, 어디 놀이공원에 갔는데 콜라 한 잔에 7~8달러 하는데 그걸 왜 사 먹느냐, 이런 사소한 것들에 흥분해서 불만을 늘어놓으시는데 재미있더라구요.

세탁소 운영하시면서 1~2달러에도 벌벌 떨면서 살았는데 자식들이 외식하고 팁 많이 주는 거, 비싼 콜라 사 마시는 거에 불만이 많으셨나 봅니다. 그것을 자식들에 대한 불만보다는 저는 세대 차이라고 느꼈습니다. 그리고 지금 있는 곳이 미국 동부 보스턴이지만 자식 걱정, 며느리 걱정, 손주 손녀 걱정, 세대 차이 등등 말씀하시는 것을 보면 어딜 가나 사람 사는 동네는 다 똑같다는 생각을 하게 되었습니다.

장기간 미국여행은 그동안 앞만 보고 살아왔던 저를 철들게 해준 아주 소중한 가치를 느낀 여행이었습니다.

월섬 어르신 부부께…

안녕하세요. 저는 먼 한국에서 잘 살고 있습니다. 잘 살고 계시죠? 헤어질 때 다시 보스턴 가게 되면 같이 골프를 치기로 약속을 했는데 제가 여유가 없네요. 자녀분들 손주 손녀분들 건강하고 밝게 잘 크시길 기원드립니다. 어르신 가정 평온하고 건강하세요!

비행기 안에서 만난 70대 미국 노부부

: 은퇴 후 세계여행 다니던 70대 노부부와 우연한 만남 이야기

26살에 대기업에 들어가 몇 년이 지난 해였습니다. 입사 4년 차에 대리를 달고 한창 왕성하게 회사생활을 하던 시기, 저는 29살 당시까지 태어나서 제주도 몇 번 말고는 해외를 나가본 적이 없었습니다. 지금이라면 놀라워할 일이지만 제 세대에 시골에서 태어난 사람들은 그런 사람들이 꽤 되었습니다. 시골의 평범한 가정에서 태어났고 시골의 평범한 중학교를 나왔으며 연합고사를 봐서 고등학교를 입학하였고 지방에서 서울로 대학을 졸업하는 머리가 조금 좋아 공부를 조금 잘했다면 누구나 밟는 그런 코스를 밟았습니다.

군생활 2년을 포함해 평범하게 7년의 대학생활을 마치고 운이 좋게 26살 젊은 나이에 대기업에 취직해 쉼 없이 4년 차 대리까지 달려온 시점이었습니다. 29살 여름 회사생활을 하던 나에게 문득, 왜 이렇게 살지? 평생 이렇게 살아야 되나? 서른을 앞두고 서른 앓이를 했던 것 같습니다. 그래서 그동안 악착같이 돈을 아끼고 저축하며 가보지 않았던 해외여행을 그제야 가보겠다고 다짐하고 선택한 곳이 홍콩이었습니다. 4박 5일의 여름휴가였고 사전에 계획된 여행이 아닌, 휴가 2일 전 결정한 충동적인 해외여행 선택이었습니다. 그래서 급하게 항공권을 끊고 숙박을 구하느라 당시에 상당히 많은 비용을 지출한 걸로 기억이 납니다.

당연히 사전 예약도 안 하고 극성수기에 호텔, 항공권이 좀 비쌌으랴. 외항사 항공권을 끊고 홍콩 땅에 혼자 도착해 호텔에 짐을 풀고 여기저기 정말 하루 종일 미친 듯이 걸어 다녔습니다. 평생 공부하느라, 취직하느라, 회사생활 하느라 29살 먹고 처음 나온 해외가 얼마나 신기하고 재미있고 흥분되었었겠는가 말입니다. 나중에 알았지만 홍콩을 4박 5일씩 길게 여행하는 경우는 많지 않습니다. 당시 저는 인터넷 카페나 블로그 이런 곳에서 여행정보 자체를 찾아보지 않고 무계획, 무정보로 홍콩여행을 하였습니다.

홍콩 시내 관광안내소에서 지도 한 장을 들고 이리저리 홍콩 시내 방방곡곡을 무작정 돌아다녔습니다. 걸어 다니다 우연히 마주친 긴 에스컬레이터도 타보고, 야경도 구경하고 그랬습니다.

3일째, 4일째 되는 날은 다 돌아볼 것 보고 할 게 없으니 밥 먹고 명품 가게를 들어가서 명품 구경을 몇 시간씩 하기도 했습니다. 비싼 명품백이 있는 가게는 어김없이 체구 우량한 흑인 남자가 지키고 서 있더라구요. 전 29살 그때 명품백 브랜드를 처음 알게 되었습니다. 에르메스, 샤넬 같은 브랜드가 이렇게 비싼 브랜드였구나. 그때서야 알았습니다.

대부분 남자들은 관심도 없지 않은가요. 당시 본 녹색의 영롱한 에메랄드빛 악어가죽 에르메스 명품백 가격이 아직도 머릿속에 각인되어 있습니다. 무려 HKD 700,000…. 가게 가장 좋은 자리 좋은 상단에 진열되어 있던 그 녹색 에르메스 명품백의 가격이 70만 홍콩달러였습니다. 환율 140원이었으니 명품백 하나에 1억 원짜리였던 것입니다. 이게 혹시 짝퉁 아닐까? 이런 생각도 했습니다. 뭐 진품 확인은 사는 사람이 하겠지, 이런 생각을 하면서 직장 생활해서 한 달에 200~300 겨우 버는 서민이었던 저로서는 태어나서 처음 온 홍콩여행, 시가지 명품백 숍에 서서 유리창 너머로 보이는 에르메스 백 가격의 무게가 참 이질적으로 다가왔습니다. '이런 색다른 경험을 하면서 견문이 넓어지고 세상을 보는 시야가 서서히 넓어지겠지' 이런 생각도 했습니다.

해외여행을 하면서도 대학교 시절 큰 인기를 끌었던 미국드라마 〈프렌즈〉를 수십 번 보면서 쌓은 영어회화 내공으로 기초 회화영어는 크게 두렵지는 않았습니다.

홍콩에서 돌아오는 비행기 안에서 저는 왼쪽 창가 자리에 앉았고, 오른쪽 옆자리 두 좌석은 노부부가 앉아 있었습니다. 저는 그때만 해도 옆자리 누가 앉든 크게 관심도 없고 신경도 쓰지 않았습니다. 이륙 후 창가로 보이는 홍콩과 주변 바다를 보며 이어폰을 꽂고 혼자 감상에 젖어 있었을 즈음, 스튜어디스가 식사메뉴를 물어봤습니다. 외국인 승무원이 내가 한국 사람인 줄 알고 "소고기? 치킨?" 이렇게 물어봅니다. 그래서 난 당당하게 "I'll take beef!"라고 말했습니다. "소고기 주세요"라고 말하는 것 보다 "아 윌 테이크 비프"라고 말하는 게 〈프렌즈〉에서 나온 주인공들처럼 뭔가 있어 보이고 엘레강스해 보이지 않은가 말입니다. 29살 젊은 치기로 말이죠.

그런데 제가 "I'll take beef"라는 말을 하자마자, 제 오른쪽 노부부 중 할머니께서 나를 쳐다보더니 말을 걸기 시작합니다. 그것도 아주 100% 미국 오리

지널 영어로 말입니다. 아마도 이 할머니께서는 제가 영어를 엄청나게 잘하는 한국청년인 줄 알았나 봅니다. 그래서 저에게 대뜸 말을 거는 거였습니다. 전 아직도 그때 이 할머니께서 나에게 해준 이야기들을 잊지 못합니다.

할머니께서는 옆자리의 할아버지와 은퇴를 하고 같이 세계여행을 다니고 있다고 했습니다. 70세가 다 넘었고 할머니는 정정하셨고, 상대적으로 할아버지께서는 조금은 노쇠해 보이셨지만 그래도 장기 해외여행 중이시니 정정해 보이셨습니다. 이 미국인 노부부의 집은 미국 샌프란시스코에 있고 할머니는 간호사로 은퇴, 할아버지는 회계사를 하시다가 은퇴를 하셨다고 하셨습니다. 그리고 슬하에 자식은 없다고 합니다. 물론 결례가 되니까 왜 자식이 없었냐고 물어보지는 않았습니다.

그래서 전 누구고 몇 살이고 한국에서 무슨 일을 하고 홍콩에 얼마 있다가 한국에 돌아간다. 이렇게 대화를 이어나갔습니다. 70대 미국인 노부부는 어쩌면 이게 생애 마지막 세계여행이 될 수도 있을 것 같다고 말씀을 하시더군요. 할아버지 건강이 안 좋아질지도 몰라서라고…. 그렇게 이 미국인 노부부는 북유럽, 서유럽, 동유럽을 돌아보고 한국여행을 하러 간다고 하였습니다. 기억은 안 나지만 당시 한국에서 큰 국제운동경기 대회가 있었는데 그걸 보러 간다고 하셨습니다. 그래서 한국의 여행지를 추천해 달라길래 제주도를 추천해 드렸습니다. 미국사람이니 운전 방향이 같아 운전이 쉽고 걷지 않아도 돼서 렌터카 한 대 빌려 제주도 해안가 돌면서 여행하시면 좋을 것 같다고 추천해 드렸더니, 여행 수첩을 꺼내 Jeju Island 이렇게 적어놓으시더라구요. 후회되는 게 앨버커키에서 만난 26살 청년도 마찬가지지만 이분들 연락처나 SNS 주소 같은 걸 받지 못하고 헤어졌다는 것입니다. 그때 이분들

주소나 이런 걸 알았다면 나중에 미국여행을 길게 다녔을 때 샌프란시스코에서 신세를 좀 졌어도 되었을 텐데 말입니다.

하여튼 생애 처음 나간 해외이자 해외여행이었지만 홍콩여행보다 더 강렬한 기억은 한국으로 돌아오는 비행기 안에서 짧게 만난 이 미국인 노부부였습니다. 세월이 참 많이 지났는데 토요일 새벽 따뜻하고 향기 좋은 아메리카노 한잔을 하며 문득 기억의 저편에 간직하고 있던 이분들이 떠올라 필을 들었습니다. 지금도 건강히 살아계시겠지요. 살아계신다면 살기 좋은 샌프란시스코에서 여생 편하게 잘 보내시라고 마음속으로 기도드려 봅니다.

비행기 안에서 만난 26살 미국 청년

오늘은 미국여행 중 우연히 비행기 옆자리에 앉아서 얘기를 나누게 된 26살 미국 청년의 이야기를 해볼까 합니다. 바야흐로 4년 전입니다. 시간 참 빠르네요. 벌써 4년이 흘렀으니… 월드컵이 한창이던 한여름 저는 미국 서부여행을 하고 있었습니다.

막 동부여행을 마치고 뉴욕에서 서부로 넘어가던 중이었죠. 중간에 경유를 한번 하였는데. 솔트레이크 공항이었던 걸로 기억을 합니다. 여기서 경유를 한 번 해서 앨버커키(ABQ)행 델타항공을 탔는데, 전 창가에 앉게 되었습니다.

한 청년이 제 옆에 짐을 싣고 앉더니 앉자마자 인사를 하면서 말을 거는 거였습니다. 서부 사막행 비행기에 동양인 남자가 타고 있어서 신기해서 말을 거는가 보다 하고 몇 마디 형식적인 인사를 건넸는데. 영어로 인사하고 받아쳐 주니 대뜸 이 백인 청년이 자기 얘기를 시작하는 겁니다.

내용은 자기는 시애틀에 사는데 26살이며 부모님과 같이 이 비행기에 타 있고, 이 비행기에 사돈에 8촌까지 친척들이 80명 넘게 타고 있다. 이런 얘기를 하더군요. 그래서 제가 급 호기심이 생겨서 어떻게 친척들이 한 비행기에 이렇게 많이 타고 있냐? 했더니 이 청년이 말해주기를 2년에 한 번씩 하는 패밀리 유니언 가족 단합대회를 하러 앨버커키 산타페라는 도시로 가고 있다고 합니다.

산타페는 앨버커키 공항에서도 한 2시간 더 북쪽으로 올라가야 하는 도시인데 올해 싼타페에 사는 친척집에서 패밀리 유니언 대회를 해서 다들 가고 있다고 하더군요. 가족 중 사업하는 분도 있고 해서 뭐 2년에 한 번씩 대대적으로 행사를 한다고 하더군요. 우리나라로 치면 문중대회 이런 거 비슷한 것 같아 보이기도 했습니다.

나중엔 자기는 시애틀에서 소방관을 하고 있고, 여자 친구 사진도 보여주고 내년엔 결혼을 할 거라고 말도 해주더군요. 캐나다 로키가 그렇게 장관이고 멋있으니 꼭 나중에라도 캐나다 로키는 여행을 해보라고 권해주더군요. 영어가 좀 더 능숙했으면 좀 더 깊은 얘기를 나누고 싶기도 했는데, 뭐 같은 남자끼리 오래 얘기하기는 좀 힘들더군요. 아무튼 많이 인상 깊었습니다. 여행을 하다 보면 다양한 사람들을 만나서 얘기해 보고 한국에서 해보지 못한 경험을 많이 한다잖아요.

이름도 생소한 미국 뉴멕시코주 앨버커키행 비행기 안에서 패기 넘치는 26살 미국 청년을 만나 대화를 하면서 많은 생각을 하게 되었습니다. 지금 그 청년은 30살이 되어있을 테지요. 결혼해서 잘 살고 있으려나 모르겠네요. 이럴 줄 알았으면 그때 이름하고 연락처나 아니면 페이스북 친구나 하자고 해놓을 걸 그랬나 봅니다.

언젠가 자기도 커서 성공해서 패밀리 유니언을 개최하는 집안의 가장이 되어보고 싶다고 말했는데 그 꿈 이루어 나가기를 바라봅니다.

(사회초년생, 직장인, 부모님들께 꼭! 들려주고 싶은)

바보아저씨의 경제 이야기

초판 1쇄 발행 2018. 5. 11.
19쇄 발행 2024. 8. 13.

지은이 바보아저씨
펴낸이 김병호
펴낸곳 주식회사 바른북스

등록 2019년 4월 3일 제2019-000040호
주소 서울시 성동구 연무장5길 9-16, 301호 (성수동2가, 블루스톤타워)
대표전화 070-7857-9719 | **경영지원** 02-3409-9719 | **팩스** 070-7610-9820

•바른북스는 여러분의 다양한 아이디어와 원고 투고를 설레는 마음으로 기다리고 있습니다.

이메일 barunbooks21@naver.com | **원고투고** barunbooks21@naver.com
홈페이지 www.barunbooks.com | **공식 블로그** blog.naver.com/barunbooks7
공식 포스트 post.naver.com/barunbooks7 | **페이스북** facebook.com/barunbooks7

ISBN 979-11-89040-46-8 03320